金融科技创新与区域经济协同发展研究

张 峰 肖文东 等◎编著

中国财经出版传媒集团
经济科学出版社
Economic Science Press

图书在版编目（CIP）数据

金融科技创新与区域经济协同发展研究/张峰等编著. —北京：经济科学出版社，2021.9
ISBN 978-7-5218-2870-2

Ⅰ. ①金… Ⅱ. ①张… Ⅲ. ①金融-科学技术-技术革新-研究②区域经济发展-协调发展-研究-中国 Ⅳ. ①F830②F127

中国版本图书馆 CIP 数据核字（2021）第 185855 号

责任编辑：于　源　李　林
责任校对：徐　昕
责任印制：范　艳

金融科技创新与区域经济协同发展研究

张　峰　肖文东　等◎编著
经济科学出版社出版、发行　新华书店经销
社址：北京市海淀区阜成路甲 28 号　邮编：100142
总编部电话：010-88191217　发行部电话：010-88191522
网址：www.esp.com.cn
电子邮箱：esp@esp.com.cn
天猫网店：经济科学出版社旗舰店
网址：http://jjkxcbs.tmall.com
北京密兴印刷有限公司印装
710×1000　16 开　14.5 印张　200000 字
2021 年 11 月第 1 版　2021 年 11 月第 1 次印刷
ISBN 978-7-5218-2870-2　定价：60.00 元
(图书出现印装问题，本社负责调换。电话：010-88191510)
(版权所有　侵权必究　打击盗版　举报热线：010-88191661
　QQ：2242791300　营销中心电话：010-88191537
　电子邮箱：dbts@esp.com.cn)

项目资助：

国家社科基金一般项目"农村金融服务乡村振兴的水平测评、时空分异与改进路径研究"（19BJY158）

北京哲学社会科学规划项目"京津冀金融集聚与产业结构升级协同发展研究"（16YJB037）

北京联合大学人才强校优选——学术探究计划项目"金融科技创新路径及其支持体系研究"（BPHR2018ES01）

前言
PREFACE

改革开放以来，我国经济呈现了高质量的发展，科技创新整体能力持续跃升。经济的增长离不开金融的支持，而金融的发展离不开科技创新，近年来，我国金融业发展进入了一个全新的时代。实现金融与区域经济深度融合，关键是金融业要俯下身去，发现本地实体经济的内在价值，并以此为信用基础，开发合适的金融产品和服务。当前，实现金融功能转型，亟须转变金融思维，从注重增量转向存量和增量并重，从注重金融资产转向注重金融资源。要深刻认识到，金融的作用不是形成缺乏生命力的金融资产，而是要让金融资产动起来，与实体经济连起来，成为对经济发展有用的金融资源，在与区域经济共成长中实现自身良性发展。习近平总书记在党的十九大报告中提出，创新是引领发展的第一动力。在"无科技不金融"的时代背景下，要想实现金融的高质量发展，特别是在金融创新领域，科技赋能至关重要。

近年来，金融科技的创新浪潮席卷全球，各种不同背景的优秀人才汇聚于此，不同学科的应用技术交叉于此，科技与金融前所未有地深度交融。软件工程、人工智能、大数据处理等新技术快速进步，在金融市场展现出激动人心的应用成果和发展潜力。科技进步正在重塑整个金融市场的价值链，从投资决策、交易策略、交易执行到风险控制、清算结算、信息共享，新技术都大幅提高了市场的运行效率，促进投资者更加便利地使用金融工具，推动金融机构更加高效地提供金融服务。

　　本书主要分析金融科技创新与区域经济发展的关系，例如大数据、云计算、区块链、人工智能、物联网等科技创新在金融领域的应用以及如何把金融科技创新融入区域经济的发展中，实现区域经济的增长与发展。最后，金融科技创新依然离不开金融监管，所以监管创新同样重要，可以说金融监管是金融科技创新顺畅运行的保证。

　　本书共分四篇10章。第一篇"导论"包括第1章"金融科技与实体经济的关系"，主要阐述金融科技发展的背景、意义、发展趋势和主要的创新技术，以及金融科技创新与区域经济发展之间的关系。第二篇"典型的金融科技业态与区域经济发展"包括第2章、第3章、第4章共三章。第2章主要介绍大数据技术在金融行业的应用、大数据金融在服务区域经济发展中的作用和风险管理；第3章分析区块链金融在服务区域经济发展中的作用和风险管理；第4章主要介绍智慧金融的发展现状、智慧金融促进经济发展的内在机理及其对区域经济发展的影响。第三篇"数字普惠金融与区域经济发展"包括第5章、第6章、第7章共三章。第5章主要分析数字普惠金融对经济增长的影响研究，以我国31个省份地区经济发展水平等方面的相关数据为基础，采用由北京大学数字金融研究中心和蚂蚁金服集团共同组成的联合课题组所编制的数字普惠金融指数，并借助个体和时间双固定效应模型来进行相应的回归分析，考察数字普惠金融的发展对经济增长所产生的影响，以期对政策的制定与完善提供参考；第6章主要分析数字普惠金融对乡村振兴的影响研究，采用2011~2018年中国31个省份的面板数据，运用权重变异系数法构建乡村振兴发展水平的评价指标，进而对数字普惠金融发展水平与乡村振兴之间的关系进行回归分析，并在此基础上提出相应的政策建议；第7章则是以京津冀地区为例，分析三地普惠金融发展与城乡融合之间的关系，从时间和空间维度研究京津冀地区普惠金融发展与城乡融合可以更好地认识普惠金融对城乡融合发展的作用机理，丰富普惠金融和城乡融合体系。第四篇"金融

前 言

科技创新与监管"包括第 8 章、第 9 章、第 10 章共三章。第 8 章对金融科技创新发展趋势进行了展望；第 9 章主要分析金融科技创新与监管的关系，本章在分析金融科技创新与监管现状的基础上进一步发现，"沙盒管理"与控制规则和规定可以弥补中国当前管理和控制的许多缺点，并具有其他优势，根据全国"沙盒"管控的综合社会经验和我国的具体情况，研究制定中国"沙盒"管控法规的发展路径；第 10 章主要研究了金融科技平台监管模式，在借鉴他国监管经验的基础上，构建适应我国金融科技平台规范发展的监管体系，通过探究金融科技平台的特点与风险特征，深入分析"监管沙盒"的运作模式、运行机制及在推动金融科技平台发展过程中的优缺点，最终找到金融科技平台监管的中国方案。

本书是在本人主持的北京联合大学人才强校优选－学术探究计划项目"金融科技创新路径及其支持体系研究"的研究报告基础上，又吸纳了杨泽云、邢秀芹、杨艳芳、傅巧灵、陈岩等老师的部分研究成果后整理而成。肖文东、杨泽云、邢秀芹老师承担了部分章节的编撰工作。金融专硕研究生许干、祝红琳、张圣昆、游涛、王瑞娇、钟青青、乔征艳和金融实验班的刘霏思、李丽琴、李宇翔、杨澜等同学帮忙做了大量资料收集和整理工作。此外，本书在写作过程中参考了诸多学者、专家的研究成果，并从中获取了有益的养分，引用成果尽可能在参考文献加以注明，在此一并表示感谢！

最后，特别感谢经济科学出版社的各位领导，对本书出版给予的大力支持；尤其是本书的责任编辑，在本书的编辑过程中倾注了大量的辛勤劳动。需要特别指出的是，由于本人及其他编著者水平有限，书中难免有疏漏和不妥之处，恳请各位同仁、读者不吝赐教，批评指正，以便我们在后续的研究中不断改进和完善。

张　峰　博士/教授
于北京联合大学
2020 年 8 月 12 日

目录
CONTENTS

▶ 第一篇　导论 ◀

第 1 章　金融科技与实体经济的关系 ········· 3
 1.1　金融科技发展的背景 ········· 3
 1.2　金融科技发展趋势 ········· 9
 1.3　金融科技与实体经济的关联机制 ········· 17

▶ 第二篇　典型的金融科技业态与区域经济发展 ◀

第 2 章　大数据金融与区域经济发展 ········· 23
 2.1　大数据与金融 ········· 23
 2.2　大数据金融助推区域经济发展 ········· 36
 2.3　大数据框架下的金融风险管理 ········· 40

第 3 章　区块链金融与区域经济发展 ········· 48
 3.1　区块链与金融 ········· 48
 3.2　区块链金融助推区域经济发展 ········· 54

3.3 区块链金融风险管理 ………………………………………… 64

第 4 章　智慧金融与区域经济发展 …………………………… 71

4.1 智慧金融发展现状 ……………………………………………… 71
4.2 智慧金融对区域经济发展的影响 ……………………………… 74
4.3 智慧金融促进经济发展的内在机理 …………………………… 85

第三篇　数字普惠金融与区域经济发展

第 5 章　数字普惠金融对经济增长的影响研究 ……………… 91

5.1 数字普惠金融影响经济增长的机理与路径 …………………… 91
5.2 我国数字普惠金融的发展历程及现状 ………………………… 94
5.3 数字普惠金融对经济增长的实证分析 ………………………… 98
5.4 研究结论及建议 ………………………………………………… 104

第 6 章　数字普惠金融对乡村振兴的影响研究 ……………… 108

6.1 范畴界定 ………………………………………………………… 109
6.2 数字普惠金融对乡村振兴影响的机制分析 …………………… 110
6.3 数字普惠金融影响乡村振兴的实证分析 ……………………… 116
6.4 研究结论与政策建议 …………………………………………… 129

第 7 章　京津冀地区普惠金融发展与城乡融合研究 ………… 132

7.1 京津冀地区普惠金融水平指数测度与分析 …………………… 132
7.2 京津冀地区城乡融合水平指数测度 …………………………… 139
7.3 京津冀普惠金融发展与城乡融合的实证分析 ………………… 147
7.4 京津冀普惠金融发展促进城乡融合的对策建议 ……………… 150

第四篇　金融科技创新与监管

第 8 章　金融科技创新展望 ... 155
- 8.1　数字货币的创新与发展 ... 155
- 8.2　科技赋能场景金融 ... 161

第 9 章　金融科技创新与监管的关系研究 ... 168
- 9.1　金融科技创新与监管现状分析 ... 168
- 9.2　金融科技创新与监管关系存在的问题 ... 172
- 9.3　国内外金融科技的监管模式及经验借鉴 ... 177
- 9.4　我国金融科技政府监管的对策建议 ... 182

第 10 章　金融科技平台监管模式研究 ... 188
- 10.1　金融科技平台概述 ... 189
- 10.2　金融科技平台监管困境 ... 192
- 10.3　"监管沙盒"运行模式及国际经验 ... 199
- 10.4　"监管沙盒"在金融科技平台监管中的应用 ... 204

参考文献 ... 211

第一篇

导 论

第1章
金融科技与实体经济的关系

1.1 金融科技发展的背景

1.1.1 电子金融时代

第一阶段是改革开放初期到 20 世纪末的金融电子化。从改革开放初期到 20 世纪末，我国金融业在国务院、中国人民银行的统一部署下进行金融电子化探索。这一时期的金融业主要依托计算机技术、网络技术等科技手段，提升传统金融业务效率，降低经营成本（李东荣，2018）。其主要推动者来自传统金融机构，如随着 20 世纪 90 年代浏览技术和网络传输技术的进步，银行进入了在线业务信息查询阶段，1995 年，美国安全第一网络银行（Security First Network Bank，SFNB）成立，从此网络银行（network bank）的概念诞生。除了银行业之外，证券、保险等行业也加快了电子化建设步伐。1993 年，全国电子证券交易系统（NET 系统）开通，实现了异地直接报盘、卫星双向通讯传输、电脑自动撮合等业务功能。1996 年，中国人民保险公司完成从承保到理赔的系列电脑软件开发，并开通货运险电子信箱系统。

概括来说，金融电子化阶段使我国金融业经历了从无到有、从手工到电子、从单机到联网的过程，是我国金融科技发展的起点，初步搭建了金融科技发展的电子化网络框架，构建了最基本的金融公共基础设施。另外，随着 20 世纪 90 年代中期，美国等主要发达国家进入互联网热潮，我国互联网技术也逐渐应用于金融领域如金融机构的风险管理和资金清算等方面。20 世纪初，网络购物开始逐渐流行，电子商务进入发展热潮，我国第三方支付、金融等行业的电子化水平也明显提高，为互联网金融的进一步发展打下坚实的基础。

1.1.2　互联网金融时代

第二阶段是新世纪的互联网金融阶段。进入 21 世纪初，商业银行的网上系统建设开始起步，随着网络环境优化和客户接受度提高，转账汇款、理财、基金、外汇等各种业务纷纷"触网"，实现了我国银行服务水平的革命性飞跃。2008 年金融危机的爆发，为我国互联网金融及金融科技的发展反而带来了新的契机。一方面，在日益加大的监管资本压力和银行是"罪魁祸首"的双重压力下，银行业危机为互联网科技公司的生存和发展提供了绝佳的机遇。另一方面，依赖于智能手机的年轻金融消费者对新兴事物的接纳程度高，为互联网技术的发展提供了大量的客户群，这就使银行的客户变为互联网科技公司的客户（赵鹞，2016；郭娱颖、朱志刚，2018）。到 2013 年，随着余额宝的出现，中国互联网呈现井喷式增长，人们已经意识到移动网络信息技术的发展使得金融电子化开始进入新的商业模式，且正在创造新的金融服务模式，甚至新的经济模式，即所谓的互联网金融模式。

学术界对于互联网金融的创新模式没有统一的分类观点。谢平（2012）从第三方支付、信息处理和资源配置三个方面对互联网金融模式进行了论述，郑联盛（2014）根据美欧等国的互联网金融业务将我国互联网金融创新模式划分为传统金融业务互联网化、第三方支付及其运行机制、互联网信用业务和互联网虚拟货币四大类。综合来看，对于互联网金融模式的创新，有传统金融机构运用互联网技术拓展网上业务的，如很多银行继电子金融的发展后继续开展网上银行业务，以此来降低经营成本、提高经营效率；也有互联网科技公司进入金融领域的，如腾讯和阿里巴巴等创造的手机支付模式，虽然未改变资金循环的本质，但极大地提高了资金利用效率，广泛而深刻地影响着人们的经济生活；另外还有部分既不是传统金融机构的延伸发展也不是互联网科技公司的技术创新的互联网金融模式，如P2P借贷、网络众筹等新的融资渠道。

1.1.3 金融科技时代

互联网推进了金融科技的发展，百度、阿里和腾讯（BAT）等电子商务平台利用大量的金融科技交易数据打造的平台外延式金融科技模式推动了金融科技发展的二次提速（刘继兵、李舒谭，2018）。2016年，随着"Fintech"一词的正式出现，互联网金融的概念被大众所熟知，不管是在国外还是国内，关于金融科技的研究和应用成为各媒体、学者关注的重点，形成了继互联网金融之后的又一次热潮，而我国金融科技的各项发展指标已居于全球领先地位。根据浙大AIF司南研究数据，2018年全球金融科技7座中心城市中，我国北京、上海、杭州、深圳占据了4个名额，全球金融科技产业的发展呈现出中美引领、欧洲稍缓的趋势。从全球金融科技企业融资额排名前十的城市来看，中国以蚂蚁金服、京东金融企业等领跑且占据榜单的7/10，同时蚂蚁金服的融资额遥遥领先于其他金融科技企业。

1. 金融科技的概念

金融科技（Financial Technology，Fintech）是一个现代概念，至今为止尚未形成统一的定义。但在1993年，"金融科技"一词便出现于花旗银行的相关报告中，科技赋能金融的尝试亦逐步展开，并伴随着互联网金融实践的愈加丰富与金融领域转型的持续升级而发展迅速。可以说，在社会尚未意识到的时候，金融科技平台已悄然融入人们的生活之中。

根据金融稳定理事会（FSB）的定义，金融科技主要是指由大数据、区块链、云计算、人工智能等新兴前沿技术带动，对金融市场以及金融服务业务供给产生重大影响的新兴业务模式、新技术应用、新产品服务等。由此可见，金融科技是科技在金融领域的应用，是在互联网和信息技术的推动下，由大数据、云计算、互联网、区块链、人工智能等新兴信息技术引发金融业基因的突变，旨在创新金融产品和服务、优化用户体验、降低交易成本，提高服务效率，精准化满足多元化金融需求。

综合来说，金融科技泛指由技术创新所驱动的金融创新，通过金融（finance）与技术（technology）的深层次融合，以大数据（big data）、区块链（block chain）、人工智能（artificial intelligence）和云计算（cloud computing）等为主要技术支撑，改变了金融业务流程、商业模式，挑战了传统金融思维。金融科技通过拓展金融机构服务边界、改善服务方式为金融相关领域的各行业赋予推动力，在提增金融效能的同时，最大程度降低风险。但是，金融科技并不能简单地理解为二者的叠加，更多的是新兴技术与金融服务逐步融合、愈加深入，持续推动传统金融业务转型升级的过程。

2. 金融科技产业的分类

关于金融科技当前的技术应用，主要有云计算、大数据、区块链和人工智能等技术在金融领域的应用。科技与金融的深度融合形成的新的金融生态系统，按形成的业态分类，我国的金融科技产业可分为财富管理、融资信贷、第三方支付、基础设施和银证保创新五大类，如图1-1所示。

财富管理		融资信贷			第三方支付		基础设施		银证保创新		
销售平台	金融资产交易所	网络贷款	网络众筹	征信服务	第三方移动支付	创新支付	基础技术服务商	信息服务	网络银行	网络证券	网络保险
基金电商 / 综合型产品 / 非标产品	供应链金融 / 网络小贷 / P2P网贷 / 消费金融 / 现金贷	股权众筹 / 产品众筹	个人征信 / 企业征信	近场支付 / 二维码支付 / 快捷支付 / 聚合支付 / 区块链跨境支付	传统IT服务 / 金融大数据 / 人工智能 / 区块链	记账类工具 / 金融搜索类 / 门户终端类	直销银行 / 涉网互联网银行	智能投顾 / 证券经纪	互联网保险 / 保险电商 / 触网保险公司

图1-1 金融科技企业按业态分类

资料来源：易观智库。

（1）大数据。

据贵阳大数据平台发布的《2019年大数据产业交易白皮书》，2015年以来，随着国家和地方政府的大力推动，大数据产业加速发展，2019年整体规模达到8500亿元，预计2021年年底会达到1.4万亿元，大数据技术在金融业中的运用使得金融服务更高效更透明。比如银行通过海量数据的分析对目标用户的财产状况、信用情况进行准确评估，使信贷风险处于可控状态。如中国工商银行建立了基于信息科技应用、大数据分析应用、金融场景构建的场景金融。它可通过供应链金融模式及大数据技术分析，形成客户状况的全景视图，使风险控制由传统化的管理方式转向数据风控模式。通过挖掘分析客户行为和交易特点，为精准营销服务提供支持，增加客户黏性。另外，大数据在波动性很强的证券业发挥着重要作用，它通过24小时跟踪市场动态，并对追踪到的海量数据进行挖掘与处理，从而使得市场更加透明，并提升了人们对证券市场更精准更快速地把控（何培育，2017）。

（2）区块链。

当下在我国运用最广泛的是区块链技术，它最早于2008年由中本聪在介绍比特币作为一种点对点的电子现金系统时提出。目前，全球对区块链并没有一个官方公认的定义。维基百科上的定义是"由比特币衍生出的一种加密货币序列交易的数据库技术"。王硕（2016）认为，区块链是通过一系列算法生成各个数据块，并通过去中心化和去信任化方式构成一个不可篡改的数据库的技术。

在金融领域，区块链技术已在数字货币、支付清算、票据与供应链、信贷融资、金融交易、证券、保险、租赁等细分领域从理论探索走向实践应用。

2016年9月，全球首个基于区块链技术的商业贸易在巴克莱银行和一家以色列公司达成。该笔贸易结算在巴克莱银行下属的Wave公司开发的区块链平台执行完成，担保了价值约10万美元由爱尔兰Ornua公司向Seychelles Trading Company发货的奶酪和黄油产品。该系统通过区块链技术，实现无纸化交易，使其在4小时内完成了传统需要耗时7~10日的交易处理。

传统进出口贸易交易需要依托银行信用证结算体系，需要进出口双方将单据在双方的银行和客户间传递，流程烦琐、效率低下。通过区块链技术，可以将以往需要纸质化传递的单据通过区块链技术加密、记录，并将电子化的加密文件在多方间传递，过程只需要几分钟，整个交易流程可以在几个小时内完成。随着商用的落地，区块链技术将极大变革原有的信用证贸易结算方式。这一技术首先应用于信用、票据领域，未来将延伸至跨境金融、供应链金融、ABS等领域。

2018年，央行推动的基于区块链的数字票据交易平台测试成功；百度联合发行国内首单基于区块链技术的ABS项目；阿里旗下蚂蚁金服以约8.8亿美元对价并购全球知名汇款服务公司MoneyGram（速汇金）；腾讯发布《腾讯区块链方案白皮书》。腾讯金融"全牌照"布局逐步完成，在完成金融生态闭环建设后，腾讯金融未来的关键将应用区块链技术挖掘自身数据资源以及搭建应用场景。

（3）人工智能。

人工智能（Artificial Intelligence，AI）顾名思义它是被人类所创造出的智能机器，也被形容为人类智慧的"容器"——它根据与人类智力相似的方式，在某个专业领域中做出反应，除了通常意义上的机器人，它还包括语言识别、图像识别、自然语言处理和专家系统等。目前，AI 发展已进入了一个全新阶段，2017 年 7 月，国务院印发的《新一代人工智能发展规划》中明确指出："人工智能作为新一轮产业变革的核心驱动力，将进一步释放历次科技革命和产业变革积蓄的巨大能量。加快推进产业智能化升级，在金融方面建立大数据系统，提升金融多媒体数据处理与理解能力。创新智能金融产品和服务，发展金融新业态。鼓励金融行业应用智能客服、智能监控等技术和装备。建立金融风险智能预警与防控系统。"

人工智能是金融科技（Financial Technology，Fintech）的重要一环，其具备效率高、成本低、全天候等独特优势，目前已成熟应用在量化交易、信用评估、身份识别等领域，不仅能协助完成海量数据分析，还满足了金融服务对便利性和快捷性的要求，对金融业产生了积极的推动作用。例如，目前京东已经利用人工智能开发了一款金融 App 为金融服务提供便利。京东还开发了一款京东机器人，这个机器人是人工智能化程度较高的虚拟客户，能够根据客户的指令给 App 用户提供更多的金融服务。

1.2　金融科技发展趋势

2018 年是金融科技的变革之年。互联网巨头开始转型，金融机构加快了对金融科技的布局，一些高科技企业也取得技术性突破。虽然许多企业正经历数字化转型焦虑，面临更加严格的监管，但是也从未停止金融科技创新的步伐。人工智能、大数据、云计算、区块链等新技术催生了一大批前所未有的行业新模式和新业态。这些新兴技术与金融业务不断融合，科技对于金融的作用被不断强化，在政策的大力支持下，金融机构、科技企业对金融科技的投入力度持续加大，数据价值持续不断地体现并释放出来，金融业务环节的应用场景更加丰富，金融解决方案创新推陈出新。开发银行、无人银行等方面业务在科技的赋能下由概念逐步变为现实，随着第五代移动通信技术（5G）、量子计算等前沿技术由概念阶段到实际应用，金融作为最先拥抱技术的领域，也会摩擦出新的火花。可以预见的是，一个更富活力与效率的金融科技生态正在形成。

1.2.1 全球金融科技发展呈现八大趋势

全球实践表明，金融科技与传统金融之间的关系并不是替代或颠覆的关系，而是一种相互影响，相互推动的关系。传统金融机构是金融科技生态圈中的关键一环，也是金融科技领域的重要市场主体。在全世界范围内，传统金融机构对金融科技的研发投入与日俱增。

1. 全球对金融科技发展形成共识

目前，金融科技已成为一个全球性的话题。包括国际组织在内的世界多国对金融科技的态度对从最初的谨慎变得更加包容。而且它们对金融科技的理解也不断趋同，为促进金融科技的健康发展出台了许多的政策措施。

2. 服务普惠金融的导向更加明确

金融科技本质上依然是金融，是一种以技术推动的金融创新。2018年1月，世界银行《中小微企业融资缺口》报告指出，全球128个发展中国家中受信贷约束的中小微企业合计达到6520万家，占全部中小微企业的46%，尚有5.2万亿美元的融资需求未被满足。从全世界范围来看，推动普惠金融发展和缓解小微企业融资难问题还有很长的路要走，这也为金融科技的发展创造了更多的机遇和更高的期望。

3. 金融监管框架不断完善

当前，世界各国面临经济发展水平以及法律监管体系等方面的差异，对金融科技的监管也采取了不同措施。英国等国实施了"监管沙盒",为金融科技创新提供一个真实市场的"缩小版"和一个监管环境的"宽松版"。美国则是利用现有的监管体系把金融科技的相关业务按功能纳入监管,坚持技术中立原则。

虽然各国监管框架有所不同,但是仍存在六处相同的共性。一是利用现有的监管机制,根据不同业务类型的金融科技,进行集中分类管理。二是在一些特许经营领域实施较为严格的准入监管,重点监管公开募集资金、发行证券以及从事资产交易和管理等活动。三是根据风险和监督匹配的原则,合理简化监管程序,减少金融科技企业的业务成本,尤其是指在法律授权内那些投资金额少且市场份额较小、运行操作简单的部分业务。四是利用互联网优势,加强对信息披露和投资者保护行为的监管。五是鉴于金融和科技进一步融合,要进一步加强对金融机构自身的业务和技术外包的监管。六是倡导运用数字技术对金融科技进行监管,提高监管水平。

4. 行业自律的作用日益重要

实践表明,行业自律在监管体系中同样发挥着不可替代的作用。若行业从业机构的合规审慎经营程度高,行业自律就能更好地发挥作用,有利于监管的灵活性和有效性。相反,监管部门就会采取更为严格的监管措施,监管更具刚性。建立一个监管与自律相互协调的行业监管机制,对于金融科技进一步发展有着重要意义。

5. 风险防控的作用更加突出

水可载舟,亦能覆舟。互联网的开放性和互动性,使得金融技术创新面临数据泄露、黑客攻击、商业虚假等多重风险,影响金融的安全发展。因此,世界各国都非常重视金融科技的风险防控,开始从关注传统金融风险转向更注重金融科技风险。

6. 金融应用场景融入数字技术

当前,在美国、英国以及其他主要发达国家的金融市场中,大数据技术已广泛应用于精准营销、运营管理、风险控制等方面。提高了金融市场的服务化水平,使得数字技术与金融应用场景更加紧密地结合在一起。然而，区块链技术在我国的应用还处于起步阶段。在安全稳定、隐私保护、信息防伪等方面仍存在技术难题，其中大多数还处于实验室或小范围的试验运行。因此，要让区块链技术在金融领域和日常生活中的大规模应用仍需要更多的资金和技术投入。

7. 积极抢占金融科技国际标准话语权

目前，各国对于在金融科技发展过程中采用什么样的标准逐渐达成共识，尤其是在金融科技的基础性、战略性作用方面。英国、澳大利亚等国家对建立国际化标准的金融科技发展规则有着很高的积极性。我国也发布了《金融业标准化体系建设发展规划（2016—2020）》，将互联网金融标准化工程列为五项重点工程之一。而且还提出未来要在互联网金融领域，主导一项或两项国际标准研制，为我国的金融科技标准走出国门提供了政策支持和方向引导。

8. 金融科技发展的国际化程度日益提升

金融科技已经成为信息化时代背景下各国金融竞争和金融资源布局的新兴领域。从监管层面看，英国、中国、新加坡、日本等国家已签署了多项双边监管合作协议。从自律层面看，中国互联网金融协会分别与卢森堡互联网金融之家、英国创新金融协会签署了合作备忘录。

1.2.2 国内金融科技行业发展趋势

1. "客户"到"用户"的理念

2018年兴起的开放银行浪潮，就是从"客户"到"用户"理念的有益探索。"开放银行"指银行通过开放的技术标准（应用程序编程接口或API），与第三方服务商（TPP）共享客户账户信息系统和支付系统的访问权限。然后，TPP将此访问权纳入财务应用程序，包括账户查询、财务面板、预算分析、存款产品的比价等。"开放银行"起源于2015年和2016年的欧洲和英国的政策指令。该创新业务旨在创建一个更加综合、创新且具有竞争力的银行和支付系统，已在美国、亚太地区以及其他地方兴起。中国的开放银行以功能开放为主，这是市场驱动银行的自发行为，是银行面对新的发展形势、积极开拓市场的有力探索。从2018年下半年开始，各大银行纷纷投入"开放银行"的实践中来，先是上海浦东发展银行推出"API Bank 无界开放银行"，之后，中国工商银行、招商银行、中国建设银行等商业银行陆续发布相关产品。

"开放银行"变革的驱动力，与金融科技创新一样。从技术角度看，API已从可选基础设施演变为必备工。API不是从头开始的创新，而是通过聚合现有软件功能加快产品开发。API在自然语言交互、大数据和机器学习的基础上并行发展。在未来几年中，人们可以在以客户为中心的金融服务方面取得显著进步。从消费者期望角度看，消费者需求正在不断变化。千禧一代的存款方式与前几代不同。根据埃森哲2016年进行的一项调查，超过50%的消费者将使用支付启动服务提供商（PISP）产品，预计1/3的借记卡支付和1/10的信用卡支付将转移到PISP2020。从竞争与合作角度看，除了与传统竞争对手作斗争外，银行正面临着金融科技崛起的挑战，而"开放银行"鼓励银行与金融科技公司合作。根据普华永道统计，82%的传统银行希望在未来3~5年内增加金融科技合作伙伴关系。

银行发展历程也是银行和银行服务"脱实体化"的过程，"开放银行"是银行4.0的起点。银行服务的提供不再以银行网点的形式提供，而把银行服务隐藏到人们的生活场景之中，打造"无所不在"的全新银行业务模式，实现"客户在哪里，银行服务即在哪里"，灵活的架构和先进的技术将是未来银行核心支柱，但实现未来银行服务的技术不会在银行层面实现，相反却会在个人体验层面增加。

2. 5G 与金融

5G是第五代移动通信技术，是4G之后的延伸。5G概念由标志性能力指标"Gbit/s 用户体验速率"和一组关键技术组成。5G将进一步优化金融服务，实现金融场景的再造，为金融行业注入新的生机。该技术场景将有效提升移动端金融服务的速率，减少因网络延迟造成的支付"卡顿"等情况，同时速率的提升也有助于通过 AR/VR 技术进一步丰富支付模式，提供更加真实的场景体验；5G 技术的连续广域覆盖场景还可有助于银行无人网点的部署，通过 AR/VR 技术将金融服务带到此前网点无法覆盖的偏远地区，实现普惠金融服务。此外，5G 面向物联网业务的低功耗大连接和低延时高可靠场景还将通过实现万物互联，获取海量、多维度、相关联的人、物、企业数据，进一步优化供应链金融、信用评估、资产管理等相关金融服务，实现更多丰富场景的探索。

5G 及相关产业的发展带来广阔投资空间，引发金融高度关注。5G 一方面提供更快的速率和更高的带宽，促进移动互联网进一步的蓬勃发展和人机交互新模式的创新，另一方面还将实现机器通信，千亿量级的设备将接入 5G 网络。5G 还将与云计算、人工智能、AR/VR、无人驾驶等技术相结合在车联网、物联网、工业互联网、移动医疗、金融等领域带来更加丰富的应用场景。此外，5G 网络还将是能力开放的网络，通过与行业的结合，运营商将构建以其为核心的开放业务生态，拓展新的业务收入模式，目前中国移动已经联合战略伙伴打造了百亿级规模的 5G 投资基金，国内外险资、券商、私募、风投等众多机构，也早在 2017 年成立了数十只 5G 产业专项投资基金，未来 5G 及相关产业将持续引发金融高度关注。

3. 由金融服务转向科技赋能

2018 年，互联网金融巨头纷纷转变战略发展目标，把金融业务从公司集团业务中剥离出来，如度小满从百度独立、360 金融从 360 集团剥离上市等实例。为什么会产生如此大的变化呢？因为这些互联网金融巨头们共同意识到：竞争带来的价值是有限的，而未来赋能和合作将会带来无限的价值。除了互联网巨头以外，一些金融科技公司和传统 IT 金融服务商也进入了科技赋能行列。这些科技赋能者试图将金融要素标准化，优化传统金融机构的服务链条。这些改变首先会体现在用户管理、渠道营销、产品定价、运营模式等方面。

一方面，我国对金融监管是非常严的，传统业务模式难以获得更长久的发展，如难以获取金融牌照、资管政策不断调整、对资本金的高要求等。这些都限制了网络贷款、第三方支付等业务的发展。调整转型的最佳途径就是与央企或国企金融机构合作，这些"根正苗红"的金融机构更容易获得国家政策支持。另一方面，科技将在未来的竞争中扮演着重要的角色，利用技术优势形成自己独特的竞争力，能更受市场青睐。

预计在不久的将来，会有更多的金融技术公司主动或被动放弃公司一部分的纯金融业务，以科技赋能者的姿态，进入金融科技服务领域。金融市场将形成"场景流量方-平台赋能方-金融机构"的多元合作新模式。

4. 由服务 C 端转向 B 端

消费金融是为满足消费者具体消费需求的现代金融服务方式。是金融机构向消费者提供用于购买装修、旅游、电子产品、教育、婚庆等具体的消费需求的个人消费贷款服务。除银行提供的贷款服务外，接触较多的消费金融服务有京东金融的"京东白条"、蚂蚁金服的"花呗"、苏宁的"任性付"等以及被大众接受的 P2P 小额理财服务。根据当时的银监会发布的《消费金融公司试点管理办法》中定义，消费贷款是指消费金融公司向借款人发放的以消费（不包括购买房屋和汽车）为目的的贷款。未来中国消费金融行业迎来巨大发展空间。2018年，国家出台了多项鼓励消费金融发展的政策。

当 C 端市场渐趋饱和后，以百度、阿里巴巴、腾讯等为代表的科技巨头，正在开启一个以 B 端用户为目标群体的新阶段。通过底层技术的深度研发，行业效能再一次得到了提升，传统行业的原始元素正在被改变。无论是"阿里中台"还是"百度大脑"，实际上都是在加强新技术的应用，并以此来影响金融业的内在元素，使金融行业开始不断地去金融化。例如，2018 年，蚂蚁金服全面开放、京东金融转向

2B 等都对外输出移动信贷整体技术。相比于 C 端用户仅仅需要纯粹的金融服务与产品，B 端用户需求的更多是能够改变传统金融运营的技术。以传统金融机构为代表的 B 端用户，需要底层技术的赋能来实现蜕变，而金融科技的去金融化和新技术化则能够符合这种需求。通过提供技术、产品和服务来改造传统金融机构的运作方式，从而让金融机构产生内在的彻底改变。普华永道近期发布的《科技赋能 B 端新趋势白皮书》则给了整个 B 端市场更大的想象空间。目前 2B2C 发展带来的平台生态已初具格局，预计到 2025 年，该模式给科技企业带来的整体市值将达到人民币 40 万亿~50 万亿元。

5. 监管常态化

中国人民银行副行长潘功胜在 2018 年 12 月比较全面地阐释了金融科技的监管思路：任何金融活动都不能脱离监管体系，不能以技术之名掩盖金融活动的本质；无论对金融机构、互联网企业还是金融科技企业，应按照实质重于形式的原则，落实穿透式监管；互联网金融和金融科技并未改变金融的风险属性，其与网络、科技相伴生的技术、数据、信息安全等风险反而更为突出。从这个意义上讲，互联网金融或金融科技应该接受更为严格的监管。

在过去几年，监管方在网络借贷、第三方支付、虚拟货币交易场所和首次代币发行（ICO）等方面密集出台了多项严监管措施。在 2018 年 7 月召开的新一届国务院金融稳定发展委员会会议中，有关方面审议了《防范化解重大风险攻坚战三年行动方案》，这意味着，2019 年，防范风险依然是金融监管工作的重点，金融科技的强监管将常态化。同时，监管科技在金融科技监管上将发挥持续性作用。2018 年 8 月，中国证券监督管理委员会正式印发《中国证监会监管科技总体建设方案》，后续其他领域的监管科技方案也将进一步完善和落地。

基于金融企业不断创新，混业经营、严监管、强监管目前已然是常态化。相关专家提出金融企业应树立"一心二维三品四商五严六实"

的理念，其中"二维"指要有利润合理化的思维，放弃暴利最大化的思维。监管趋严是为了控制风险，使得行业在健康的环境中更好地获得利润，对企业来说更好地理解和把握监管层的管理思路，进而规范自身经营行为，显得尤为重要。未来，众多金融企业需结合自身实际和监管动态，固本培元、合规经营、稳健发展，促进实体经济发展，实现金融的本质意义。

1.3 金融科技与实体经济的关联机制

通过前文对金融科技发展的背景和趋势介绍发现，金融科技的发展离不开实体经济的支持，实体经济的进步离不开金融科技的高效服务。因为一切技术的创新总是来自一个社会科技的不断进步和发展，同样，金融科技的创新不仅来自金融体系的创新，更来自科技创新在金融领域的广泛应用。而这种由技术推动的金融创新反过来又服务于企业，推动着实体经济的发展。但我们从金融科技的概念出发来看，即将技术运用于金融领域，因此金融科技的功能依然是发挥金融在市场中的作用，只是科技赋能金融后，这种功能的发挥更高效，更透明，更低成本化。因此探究金融科技与实体经济的关联机制，实质是研究科技怎样让金融高效地服务于实体经济及实体经济的发展和进步又怎样将科技更广泛精准地运用于金融的问题。在这个过程中，科技既属于金融又属于实体经济，充当着金融与实体经济之间彼此促进的催化剂。因此，本节从金融与实体经济的关系出发，研究金融科技在实体经济运行中发挥的作用。

1.3.1 金融科技对实体经济的促进机制

金融科技创新影响实体经济发展的机理主要体现在金融科技利用

先进技术对金融体系进行改进和优化，提升其服务实体经济的效率和作用，进而支持实体经济发展。一是金融科技创新凭借其先进的技术支持，完善金融机构的服务功能，有效优化金融市场体系。二是金融科技进步使金融活动不受时间和空间的限制，大幅降低了信息成本和交易成本。三是区块链等技术可以使资金配置过程更加公平、合理和透明，因此有助于资金供给者和需求者之间达成一个可以令双方满意的均衡利率。这个均衡利率促使资金的合理利用，并使金融市场中的信任问题得到一定程度的解决，从而成为促进实体经济发展的重要动力。因此，金融科技可以提高金融体系服务实体经济的效率和作用，更好地将资金配置到促进实体经济发展的制造业、生产性服务业等领域，以推动实体经济的良性发展。

1. 金融科技扩大了金融服务实体经济的范围

金融科技使得金融体系在服务实体经济时更加精准化、普惠化。要知道，金融的本质就是融通社会资金，将资源在实体经济中的不同经济主体、不同地区和不同时期进行合理分配，解决资金需求者的实体产品投资，促进该实体企业的正常运营，解决资金供给者的投资需求，促进该实体企业资金的高效利用，为企业创造更多的利润。而传统的金融体系主要以银行为主，但随着商业银行间竞争的加剧以及利率市场化改革的深入，依靠存贷款这一传统业务的利差所取得的收入不断缩水，商业银行在这一业务领域已很难实现资产收益的提升，其服务实体经济的效率也有限。而金融科技的智力支持将传统金融服务的"有限"进一步创新为"无限"，其不管是与商业银行进行合作还是竞争，都为商业银行等金融机构的战略转型开创了一个全新的方向。从前文的金融科技发展过程已经有所介绍，互联网金融的发展和进步，拓展了企业的融资渠道。首先，以众筹和P2P为代表的网络借贷发展迅猛，尽管单笔信贷额度不大，但服务范围广泛，涉及长尾客户，体现出普惠金融特征。其次，消费金融借助电商大数据获得增长。特别是电商平台，为平台消费者提供分期付款、消费借贷服务，促进了消费金融的发展，填补了传统金融覆盖面小，无法顾及长尾客户的不足。因此，金融科技通过大数据等先进技术对金融体系进行改进和优化，完善了金融机构服务实体经济的功能，扩大了金融股服务实体经济的范围。

2. 金融科技减小了信息不对称

信息不对称是我国中小微企业融资难的本质原因。一方面，中小微企业内部机制不健全，导致财务资金运用等不恰当；另一方面，我国缺乏对中小微企业的征信系统的构建。这两大因素，导致传统金融中商业银行在获取中小微企业的信息时成本极高，因此商业银行不愿意为了一份未知的小收益去做大量的调查。此外，规模小导致中小微企业缺乏足够的可供抵押资产去获得贷款。而金融科技能够有效解决信息不对称问题，从而帮助中小微企业解决融资难的问题。比如，区块链技术可以将商业银行、中小企业及其他资金盈余者纳入一个透明的区块中进行交易，既不需要商业银行花费大量的成本去调研，并且每笔交易在透明、不可篡改的区块中发生，使得自己配置效率提高、成本下降、合理性上升。因此，金融科技能够帮助中小微企业解决在获取资金时面临的信息不对称问题，这是金融科技赋能实体经济发展的又一种途径，而每一次金融服务的完成，就是数据和信息变为"信用资产"的过程，也是帮助中小企微企业建立信用体系的开始。

1.3.2　金融科技对实体经济的抑制机制

虽然金融科技创新对实体经济的发展起到了一定的推动作用，但现实发展中其抑制性也逐渐呈现出来。一是在鼓励投资者将资本投入实体经济方面。互联网金融对企业融资项目的资金使用没有进行有效的监控，大部分资金通过层层划转，进入虚拟经济领域，如房地产项目的首付贷等，并没有进入实体项目。二是在支持实体经济转型升级方面。相比较网络创新企业，与实体经济紧密联系的制造、生产服务性企业不易获得网络融资。三是金融创新在缓解融资贵方面。部分金融科技公司以较高回报率吸引投资者，同时收取高额的管理费、服务费等中介费用。这些高利息和中介费用最终由筹资的企业买单，增加了实体企业的融资成本，并没有起到缓解中小企业融资贵的预期作用。另外，金融科技发展过程中存在潜在的风险，信息不对称使互联网金融把有限的资源错配到那些过度吹嘘、还款能力差的虚拟企业，没有使金融科技创新较好地发挥促进实体经济发展的作用。

第二篇
典型的金融科技业态与区域经济发展

第2章

大数据金融与区域经济发展

2.1 大数据与金融

2.1.1 大数据金融概述

1. 大数据的定义

大数据,又称巨量数据、海量数据、大资料,是指人类在合理的时间内无法解读的大规模数据。这个术语最初应用于 apache.org 上的一个开源项目 Nutch,用来描述通过批量处理或分析 Web 搜索索引生成的大型数据集。在数据分析领域,大数据是最前沿的技术。大数据、数据仓库、数据分析、数据安全、数据挖掘是 IT 行业的热门词汇。大数据的商业价值已经成为信息产业关注的焦点。随着网络、传感器和服务器等硬件设施全面发展,大数据融合技术使许多企业自身需求,创造惊人的经济效益,实现社会价值,商业价值高,各行各业使用大数据获得极高的价值和效率,显示出前所未有的社会能力,而不仅是数据本身。因此,大数据可以定义为合理时间内的大数据收集与规模数据处理从而帮助用户做出更有效决策的社会过程。

我们将大数据的特点总结为速度快、多样性强、容量大和准确性高。与传统的数据分析相比,大数据最大的不同在于它注重的是数据模块之间的相关性，而不是非传统数据统计带来的简单的因果关系。勋伯格在《大数据时代》中写道："大数据时代最大的转变就是放弃对因果关系的渴求，取而代之是关注相关关系。"

除去大数据表象，我们可以从三个方面看到大数据的内涵：

其一是数据思维。大数据给我们带来了一种新的思维方式：分析综合数据而不是抽样；重视数据的复杂性，降低数据的精度；关注相关性，而不是因果关系。从历史上看，商业变革始于思维方式的改变。大数据的思维方式将成为下一代社会生产的主流，颠覆性的产业转型即将来临。

其二是数据资产。在大数据时代，资产的概念发生了变化。资产从原始实物形式扩展到数据。在我们的日常生活中，在具有智能功能和网络功能的对象移动中产生的大量数据，如路由器、家电、汽车等，也将成为我们资产的一部分，并可能成为首要资产。这些资产将对我们的生活产生巨大的影响。

其三是数据变现。利用数据资产，通过分析挖掘资产的价值，进而实现用户价值、股东价值甚至社会价值。

简单来说，我们只需要知道"是什么"，而不是"为什么"，或者基于相关性分析的预测是大数据的核心。从量化采样的时代到大数据的时代，如何找到相关数据模块，在复杂的海洋数据如何使用大规模数据来简化问题将是我们需要解决的问题。

2. 大数据金融的定义

大数据金融是指收集大规模数据，实时分析金融数据，提取有价值的数据，为互联网金融机构提供全面的客户信息。用大量的数据，通过分析金融行业，重建新的产业链，以促进更准确地检测问题的症结所在，找到新的利润空间，提高金融企业在日益激烈的竞争时代深入掘金的可能性，找到客户的消费倾向，通过预测他们的行为，为客户提供全方位的创新性金融服务。未来的金融是大数据金融，不受时间和空间的限制，不需要任何物流载体的支持，非常高效、快速。

从广义上讲，大数据金融包括整个互联网金融和所有需要依赖海量信息发现和处理的在线金融服务。也就是说，我们提到的互联网金融的核心，无论是P2P还是众筹，都是大数据金融，因为没有大数据的支持，互联网金融将纯粹成为一个平台。互联网诞生以来，数据的容量已经进入了"PB"（1024TB）时代。多年来数据信息的记录和积累，以及云计算技术的不断成熟，使得大数据金融在互联网诞生几十年后终于展现出它的意义。电子交易和网上零售服务的持续高速增长，使依赖商业需求的金融系统能够在网上找到数据支持。

狭义上的大数据金融是指商家和企业在互联网上对历史数据进行分析的基础上进行的网上融资和信用评估。我们可以直观地看到，最初在互联网平台上寻求金融服务的商家和企业，是在互联网平台上留下一定数量的历史信用信息的，或者是在相关行业积累了相当程度的历史信用的。然而，从未在网上或实际交易中产生过信息的新商家和企业，在建立充分的交易基础之前，不太可能通过纯信贷进行此类融资。

无论广义还是狭义的定义，大数据的核心内容是收集、存储、探索，整理和总结商家和客户的大量数据，这样网络金融机构可以综合信息的客户，掌握他们的消费习惯从而准确地预测他们的行为。无论是作为评级标准，还是作为目标客户的营销理由，互联网金融机构都可以控制自身的风险，制定更详细的发展战略规划。作为大数据的用户，互联网金融机构必须为数据的收集和使用支付费用。如果不同时作为数据收集器收集和组织原始数据，则必须向数据源的第三方支付使用费用。

大数据金融革命是一个趋势，网络与生俱来的开放性、多边性，将提高生产率，影响人类的生活和其他行业。信息技术创新渗透到人类活动的其他领域，不仅可以改变社会的物质基础，而且可以从根本上改变人们对时间和空间的看法。

3. 大数据金融发展现状

目前，我国金融市场已发展成资产负债高度多元化的市场。在大数据时代，如何利用海量数据有效控制真实风险是一个待解决的问题。通过收集和应用大数据，深入分析客户数据，全面诊断，准确改进，提升金融企业的竞争优势和行业地位，并不断遵循与客户共同成长的价值观。在互联网和云时代，通过大量企业原始数据的积累，搭建大数据平台，为客户提供日益丰富、立体、更有价值的金融数据。

大数据金融与电子商务的发展密不可分。近年来，我国电子商务发展迅速。据相关数据显示，2008年中国电子商务交易总额仅仅达3.4万亿元。2010年中国电子商务交易总额超4万亿元。到了2013中国电子商务交易总额突破10万亿元。截至2017年，全国电子商务交易额达29.16万亿元，同比增长11.7%。其中商品、服务类电商交易额21.83万亿元，同比增长24.0%；合约类电商交易额7.33万亿元，同比下降28.7%。进入2018年年底，中国电子商务交易总额超30万亿元，达到了31.63万亿元，2008~2018年这十年期间增长了10倍。2019年，全国电子商务交易额达34.81万亿元，2020年，全国电子商务交易额达37.21万亿元，同比增长4.5%。

金融依赖于商业需求，而商业需要贸易，贸易是通过支付进行的，支付越来越需要大数据的支持，融资需求实现闭环发展。电子商务的快速发展促进了生态链的不断整合和完善。电子商务生态链的发展与建设越来越规范化，整合平台、虚拟服务、专业营销、精准支付、网络金融、服务供应链、物流智能、终端移动性，最终形成大数据金融。通过电子商务引起公众关注的阿里巴巴大力推进互联网金融，其他互联网企业也纷纷效仿。2013年6月13日，阿里巴巴推出"余额宝"，不到两个月就达到了250亿元。2013年7月，新浪成立"微银行"；8月，腾讯实现了微信5.0版与财付通的结合。其他大大小小的公司都在拥抱大数据金融。如今，阿里在线金融再次开启创新模式，应用大数据技术，改变了传统金融业的概念。例如，阿里建议为买家发行虚拟信用卡，基于海量用户的交易记录，建立有效的网上购物和支付信用机制。拥有8000多万用户，带来了巨大的市场利润和巨大的潜力，不同的行业有不同的需求。关键是构建一个实时适应行业应用的大数据平台。2015年6月25日，网商银行正式开业，其作为中国首批5家民营银行之一，基于云计算架构，融合大数据技术，开启服务新时代。

银行直接使用大数据分析监控企业的操作，掌握企业的经营状况，评估企业的经营风险，解决具体的贷款问题，实现全过程的跟踪服务，减少资本风险，减轻企业所面临的困难，为企业快速实现业务价值，并提高服务用户的价值。余额宝的诞生，极大地推动了大数据金融的快速发展，它依托互联网，采用优势的方法收集大量综合数据，运用新的大数据思维，进一步推动了传统金融业的不断创新。互联网公司采用创新的模式，通过免费的方式来吸引注意力，迅速聚集大量的新用户，一旦客户习惯获取免费服务，互联网公司将获得好处，可以收集相关数据，不断快速存储，加强互动，形成一个持续可靠的大型数据来源，创造新的商业模式，以满足客户的需求，提供财务数据分析，设计相应的产品，精准营销给客户。传统金融几乎是不可想象和不可能的。大数据金融可以为客户提供完全个性化的服务，根据客户的需求推出各种量身定制的产品，让客户享受产品的价值，并有显著的直接增长。互联网企业不仅在前期为企业提供增值服务，还大胆开辟了从在线支付到社会融资的大数据金融新发展道路。

2.1.2 大数据的特点

1. 网络化的呈现

在大数据金融时代，大量的金融产品和服务通过网络呈现，而移动网络将逐渐成为大数据金融服务的主要渠道。法律法规政策在不断完善，大数据技术在不断发展，越来越多的金融产品和服务将通过互联网呈现。支付结算、网络借贷、众筹、资产管理、现金管理、产品销售、财务咨询等主要通过网络实现。金融实体店将大幅减少，功能也将逐步转变。

2. 基于大数据的风险管理理念和工具

在大数据金融时代，风险管理理念和工具也将发生调整。例如，财务分析、可抵押财产或其他担保在风险管理的概念中将不那么重要。交易行为的真实性和信用的可信性将通过数据的呈现变得更加重要，风险的定价也将发生革命性的变化。客户评价将是全方位的、生动的、立体的，而不是模糊的、抽象的客户构成。基于数据挖掘的客户识别和分类将成为风险管理的主要手段，而动态、实时的监控取代回顾性的评估将成为风险管理的主要内容。

3. 信息不对称程度大大降低

在大数据金融时代，金融产品和服务的消费者与提供者之间的信息不对称现象大大减少。对于金融产品或服务的支持和评估，消费者可以实时获得信息。

4. 高效率

大数据金融无疑是高效的。许多流程和操作都是在线启动和完成的，有些操作是自动化的，有助于在正确的时间、正确的地点，将正确的产品以正确的方式提供给正确的消费者。同时，强大的数据分析能力可以使金融业务非常高效，交易成本将大大降低。

5. 金融企业服务边界的拓展

首先，就单个金融公司而言，它们的最佳经营规模已经扩大。随着效率的提高，其运营成本必须降低。金融公司成本曲线的形状也将发生变化。长期平均成本曲线的底部将更早、更平、更宽。其次，基于大数据技术，金融从业者将有更多的个性化服务对象。换句话说，单个金融公司的员工往往更少，或者至少营销人员更少。

6. 产品的可控和可接受性

首先，通过网络呈现的金融产品是可控的，消费者可以接受的。可控是指在消费者眼中，风险是可控的。可接受的意思是，在消费者看来，收益（或成本）在一开始是可接受的。其次，产品流动性是可以接受的。最后，根据金融市场数据，消费品是可以接受的。

7. 普惠性

大数据金融的高效性和服务边界的延伸，极大地拓展了金融服务的对象和范围，使金融服务更加接地气。例如，小额金融服务、存款服务。普通人也可以享受支付和结算服务。即使是极少量的融资也将得到广泛利用。在大数据金融时代，传统金融无法想象的金融深化已经部分实现。

2.1.3 大数据金融的功能

1. 大数据授信

我国最早应用数据挖掘技术的领域之一是金融信用领域，大数据是判断用户信用风险的一个重要方向，尤其是目前许多信用评估系统都依赖于国外的评估机构。构建基于大数据的信用评估机制是一个有发展空间的领域，尤其是在未来线下生活服务完全基于互联网的情况下，线下零售和服务的具体交易数据很可能被交易平台获取。我们既知道消费者买了什么，也知道商家卖了什么，所以我们可以对目前的线下行为给予信任，比如"阿里小贷"和在线信用支付。

2. 交易风险控制

与大数据用户授信不同的是，原始数据挖掘可以实现用户的静态信用评估。

基于大数据的处理可以实现对用户的动态评估，即对交易风险的判断。例如，当您在几乎同一时间在不同地点发现同一张信用卡的交易，交易风险就出现了。客户的信用卡可能被盗或发生欺诈交易。通过大数据的处理，尽可能多的监控用户的交易行为从而降低交易风险。

3. 提现预测

互联网金融的一大特点是打破了流动性和收益率不能兼得的特点。

如今的许多"宝"都能做到这两点，除了创新，还与技术有关。如果我们产品能够实现大数据支持，我们将会更有效率的。"宝"们需要为了满足用户每天提现的需求，有必要储备流动资金。但即使有更多的储备，而资本没有得到充分利用，也不能产生更多的收入。所以要建立预测模型，实现对资金需求的有效预算和管理。

4. 市场活动的监测与评价

人们很容易忽视大数据在营销活动监测和评估中的应用。大多数人只关心营销活动的最终转化率，而忽略了营销活动的过程。例如，产品对客户的吸引力，客户与产品的接触情况等，这些都可以通过大数据准确判断。如果我们能从相关数据中找出客户如何使用相关产品，我们就能通过分析这些情况以确定是否存在客户流失的风险。在企业管理中，客户流失预警尤为重要。

5. 联通数据孤岛

在整个金融机构中，大量的数据被不同的部门不断地收集和积累，例如，抵押部门可以通过收集大量的贷款客户数据进行存储和处理，充分描述其特点。在全球范围内，债券、外汇、货币和股票以及衍生品交易部门的影响力各不相同。

大量关于价格变化的信息，并试图建立可以使用的前瞻性模型；零售银行业务部门实时收集和分析客户信息，其他部门也隐藏着无数的数据。由于缺乏跨部门、跨行业的沟通策略，现有各部门大数据分析技术不足，很难了解不同地区金融市场的复杂性。这些繁杂的关系，阻碍了信息的流动和及时使用。

为了打破这些障碍，一些公司已经采取主动，试图直接促进一体化跨界数据，甚至寻求获取外部供应商及其客户的外部信息的方法。例如，纽约新成立的移动银行 Movenbank 选择与传统商业银行合作，解决机构内部分离的问题。英国 ERN 公司提出计划，利用用户的交易历史和消费习惯，然后结合交易地点和时间数据，为各大银行及各商户提供相关数据服务及交易咨询。

6. 提升信息对称度

大数据有助于提高金融市场的透明度。金融客户的信用状况会随着其资产、业务模式和各种交易条件的变化而实时动态变化。银行直接投入大量人力、物力、财力，建立了独具特色的信息采集、存储、分析和决策解决长期存在的信息不对称问题。近年来，可以利用大数据金融通过平台直接收集和整合双方金融交易的所有信息，形成了一种新的资金来源方式和资金来源金融信息的新模式，更复杂的金融客户交易价格信息，社会经济条件等数据更加透明，利率形成更加准确，实现市场化。

新大数据金融企业不仅是一个平台，也是价值链中的一个中介角色。例如，在全球产品运输业务的开发中，运输公司所做的不仅仅是收集市场上的信息，也可以专门销售信息产品。同时，第三方支付公司也发现海量的薪酬信息包含着各种各样的巨大商业价值。随着网上价格信息的不断增长，随着交易量在线下扩大，卖家会自动在网上收集数百万种不同商品的信息比价服务，为消费者提供信息，为社会创造巨大价值。

新兴市场缺乏成熟的信用机构，因此一些公司正在利用申请者对社交网络进行分析，得出信用评分。例如，Kreditech 为德国研发提供的贷款评级公司，在美国设立 Movenbank 手机银行，在中国香港设立 Lenddo 网贷贷款公司和 TrustCloud 等新型中介机构，试图设计数据的金融信用平台，构建能反映 LinkedIn、Facebook 和其他社交网络开放平台，整合用户活动记录、算法开发的软件，分析客户的朋友信贷条件，建立一个标准化的格式，归纳和各种各样的信用信息收集，客户信用评分的一个重要基础。

7. 优化与创新产品

大数据金融是通过物联网、云计算和社交网络等新型数字平台产生众多的新用户和海量的数据，虽然直接记录了所有用户群体的社会情绪，但数量庞大的数据库不能自动运行，不能自动计算和总结整个组的行为模式和活动规则。计算机科学家需要与社会科学家更紧密地合作，统计学家找到大数据的新方法研究与小数据策略相结合。利用大数据，金融企业可以直接分析客户的行为模式，如不同事件的相关分析，就像一个实验，着眼于不同工程条件下的机构投资测试普通消费者对金融产品的不同反应，识别客户的行为关系，提高资本转化率，提高企业服务水平，实现大数据金融和精准营销的良性发展。例如，前沿零售企业通过观察顾客在店内的行为和活动，监控顾客与商品的整个互动，在分析所有交易记录的基础上进行各种实验，从而指导商品的选择、安排和价格调整。例如，Progressive 保险公司通过精细化的数据分析，不断对客户的风险和财富变化进行调查，计算家庭资产数据，收集背景信息，为客户提供准确的服务，提供专业的建议，定制独特的保单。在未来，保险公司还会采用不同的定价为不同汽车保险产品根据个人位置和汽车信息，为客户提供实时更新信息，如交通信息和天气突发事件，事故发生率高的地区，对速度进行限制，以便开发信息互动，这有利于安全驾驶。

2.1.4 大数据金融运营模式

1. 平台融资模式

平台融资模式是为合作参与者和客户提供软硬件结合的合作与交易的环境运营模式。通过双边市场效应和平台集群效应，形成了符合定位的平台分工。主要是指企业以互联网电子商务平台为基础提供的金融服务，或企业通过资本流、物流、信息流在平台上凝聚而成的基于大数据的平台整合金融服务。企业通过多年在互联网平台上的数据积累，利用互联网技术在平台上为企业或个人提供金融服务，通过云计算和数据模型分析，形成网络信贷、基金等金融服务模式。

不同于传统金融依赖抵押贷款或担保模式，平台融资模式主要是进行实时分析和处理大数据，并形成积累信用数据网上商家的电子商务平台，提供信贷和贷款等金融服务。

目前，互联网电子商务平台是大数据金融模式的主战场。电子商务平台通过互联网对海量信息的传输和处理，挖掘数据背后的应用价值，利用互联网信息技术打破金融业的垄断体系，提高金融市场的透明度。

近年来，采用平台模式的企业，包括阿里巴巴、淘宝、百度和亚马逊，其中阿里巴巴小额信贷（简称"阿里小贷"）和百度小贷是代表。以百度小额贷款为例。百度小额贷款成立于 2013 年 9 月，依托百度的领先地位来发展金融服务。因为百度拥有 5 亿用户和 60%的中国搜索市场，这背后有很多数据。百度进入小额贷款市场是因为百度一直服务于中小企业。未来，百度希望在金融服务方面加强对大量小微企业的支持。百度依靠搜索引擎成长和积累大量数据，这是百度发展百度小额贷款业务的先天优势。百度强大的数据分析能力，使得其子公司百度小贷建立了更加全面稳定的风险控制模型。

阿里金融是平台金融模式的典型代表。阿里金融以电子商务为平台，利用支付宝的在线支付优势，通过云计算和模型数据处理中小企业积累的信用信息，从事大数据金融。阿里通过在电子商务平台上长期形成的网络信用评级系统、财务风险计算模型和风险控制系统，可以实时向网上商户发放订单贷款或信用贷款，贷款批量快速高效。目前，阿里金融拥有基金、保险、小额贷款等业务，如余额宝、支付宝、阿里小额贷款等金融产品，这些都是阿里在其电子商务平台的基础之上，为货币基金管理、在线支付、小额信贷等提供的平台金融产品。余额宝推出不到三个月，用户就突破 1200 万，与余额宝合作的天弘基金成为中国规模最大的基金之一。

2. 供应链金融模式

供应链的金融模型，是指利用供应链中核心企业的上下游产业链，结合信贷，全面整合供应链资源和客户资源，降低企业的融资风险，提高融资的效率，减轻上游和下游企业融资困难的问题以及其他参与者提供融资渠道的金融模型。供应链金融模式是以大规模交易的大数据为基础，以行业龙头企业为主导，主要以银行等金融机构为信息提供者或担保人，为产业链上下游企业提供融资。供应链金融依靠实体供应链来提高整个供应链的资金利用效率。

供应链金融最大的特点是金融机构对单个中小企业进行主信用评级并根据结果授信的信用方式发生了变化。金融机构的信用评估不再局限于中小企业自身的信用风险，而是关注供应链的整体情况以及中小企业与核心企业之间的业务关系。2013年年初，苏宁电器成立重庆苏宁小额贷款有限公司，在供应链管理、IT金融人才、数据分析和挖掘能力的基础上，为供应链系统中小企业提供供应链金融服务。

供应链模型旨在解决供应链中的资金流动阻塞和资金流动优化问题。一方面，供应链中的弱势成员企业必须向核心企业供货，另一方面，应收账款无法及时到达。因此，供应链中的弱势企业，尤其是中小微企业，很容易受到财务压力的挤压。在整个供应链中，非核心企业为核心企业提供运营支持，分担资本风险，但不享受核心企业带来的信贷支持。这些非核心企业往往受到抵押物、企业规模等因素的限制，难以从银行借款。如果供应链中的核心企业通过自身的信贷帮助非核心企业从银行等金融机构获得融资，不仅可以解决非核心企业的财务压力，还可以帮助银行拓展业务。以京东为例。2012年年底，中国银行与京东一起推出"供应链金融服务"。京东的供应商可以凭京东的仓单或订单向京东申请融资，经京东批准，银行将向供应商提供贷款。在这个过程中，京东起到了中介的作用。供应链金融模式以规模大、信用状况好的龙头企业为主。龙头企业作为供应链中的核心企业，为非核心企业提供担保，帮助非核心企业基于海量交易数据进行融资。在这种模式下，核心企业不为非核心企业提供大量融资，而只是提供担保，最终贷款的责任仍然落在银行身上。

2.1.5 大数据金融发展趋势

1. 大数据金融跨境发展

由于互联网技术的开放性，信息不对称将显著减少，未来金融可能不再是少数传统金融从业者的专属领域。从供应链所需要的技术角度看，互联网企业和软件企业纷纷加入大数据金融的发展中。大数据跨境发展趋势日益明显，受未来力量的影响，金融业的竞争将更加激烈。这也可能促进未来金融业混业经营的进一步发展，银行金融与非银行金融、证券公司与非证券公司区别会越来越小。

2. 大数据金融服务多元化

大金融数据从电商平台发展，传统产业不断融合发展，从零售日常用品到电子产品开发，到汽车，甚至商品交易，未来将发展到房地产、医疗、日常金融服务将不断拓展、融合，逐渐社会化、日常化。

3. 大数据金融服务专业化

随着涉及领域的日益广泛，大数据金融必然会产生专业化的趋势，产业链的划分也会更加清晰。根据不同的链接或行业，服务内容会有一系列的变化。同时，随着发展水平的提高，对定制服务和个性化服务的要求也会越来越高。未来，大数据金融企业将以客户为中心，精准定位客户需求，开发专业的个性化服务。总之，大数据金融以其高度数据化的管理和运营模式，在互联网的发展中发挥着不可替代的作用。未来，大数据金融将成为金融业发展的中流砥柱，进一步渗透到各行各业的各个角落，不断推动金融生态的发展。在不久的将来，每个人都将能够亲身体验大数据金融带来的变化，并从大数据金融的发展中受益。

2.2 大数据金融助推区域经济发展

2.2.1 京津冀地区大数据金融发展现状及存在问题

2018年，京津冀地区GDP为8.5万亿元，其中，北京地区生产总值为30320亿元，按可比价格计算，比上年增长6.6%；天津地区生产总值为18809.6亿元，增长3.6%；河北地区生产总值为36010.3亿元，增长6.6%。按常住人口计算，天津市人均GDP达到39506元，北京市人均GDP达到62361元，河北省北京市人均GDP达到23446元[①]。天津和北京的人均GDP几乎是河北的5倍，达到了中上收入水平，而河北仍处于中下收入水平。京津冀地区经济发展的不平衡，导致三大区域在大数据金融发展上存在巨大差距。

1. 大数据金融发展极不平衡

财政资源高度集中在北京，尽管中央政府从未将北京列为经济中心，但一些大型金融机构的总部仍设在北京。同样，北京的上市公司数量远远超过大多数省份，无论是在上海证交所（Shanghai Stock Exchange）拥有的公司数量上，还是在这些公司的市值上，都居于前列。

天津滨海新区为主的创新功能的京津冀地区产业创新、管理创新、科技创新和服务创新正在发展，并进行资金结算管理、跨境人民币业务、货物贸易外汇管理等业务。天津鼓励银行业金融机构设立特别大数据的金融服务部门，并支持建立科技小额贷款公司，提供多样化的融资渠道。开展科技项目与银行贷款相结合的无抵押贷款和无抵押贷款，开展知识产权抵押贷款、科技担保、上市融资、科技保险等大数

---

① 数据均来自《中国统计年鉴（2019）》。

据金融服务。此外，天津市还建立了市财政科技基金与商业金融基金的互动机制，为列入市科技计划的中小科技企业提供无抵押或担保的小额贷款支持。为促进科技与金融的融合，定期举办一系列天津科技企业融资专项活动和中国企业国际融资谈判。

河北省的大数据金融，相比之下起步较晚。2009年6月，河北省科技型中小企业金融资源在北京聚集创业引导基金正式成立，在2010年底进行部分改革，促进股权投资基金业的发展，2011年2月成立第一个私募股权投资基金。

2. 资金在三个地方的分配极不平衡

金融业本身的发展具有盈利的趋势，正常情况下，应该是哪里有项目哪里就有资金。但是，由于京津冀三地财政资源的分配不均，导致资金在不同地区之间的分配极度不平衡，区域资金的收益率和成本存在显著差异。河北省部分企业资金需求旺盛，但是却无法获得贷款，而京津两市银行存贷差越来越大。区域分治的银行业管理模式成为金融资本的快速流动的一大阻碍，也大大降低了金融资金对经济发展的推动作用。

3. 缺乏基本的大数据金融合作意识

京津冀地区政府部门独立运作，城市在区域金融中的定位模糊，金融机构跨区域经营时，在不同区域有不同的政策，金融部门之间联系不紧密，合作意识较弱。特别是京津在大数据金融领域的竞争与合作相比，更为突出。例如，北京和天津作为京津冀地区的两个核心城市，都有着雄厚的产业基础和巨大的金融资源，但却没有发挥辐射作用，这与京津冀地区长期缺乏金融合作有关。近年来，京津两地着眼于打造北方"金融中心"，在金融机构的设立、金融市场的建设等方面做了大量竞争性甚至重复性的工作，忽视了金融业务的合作。

4. 三地大数据金融资源配置不合理，流动不畅

历史发展首先导致了京津冀资源配置的差异，北京是一个金融决策和信息中心，拥有众多的金融机构、上市资源和金融人才。天津是金融创新改革的重要试点，私募股权基金起步早。河北金融业发展相对比较落后，但有京津冀地区的地理优势，本该获取更多的发展资源。但是，京津冀在金融方面合作较少，大量的金融人才和金融机构集中在北京和天津，而河北却极度缺乏各类资源。由于政治经济的区域管理，金融机构以及金融市场缺乏内部协调机制，不能实现京津冀三地资源的最优配置，融资和投资端都出现了大大小小的问题，大数据金融资源难以在京津冀之间实现合理的配置和流动。

5. 信用体系的不完善导致大数据金融生态环境不健康

由于我国整个社会信用体系建设相对滞后，京津冀地区尚没有建立区域信用体系，依赖于全国统一的个人与企业信息数据库在服务区域经济发展时缺乏针对性，许多金融合作业务因此不能顺利进行。例如，结算手段与渠道的拓展是金融机构提高经营效益的关键之处。虽然目前跨地区结算业务正在不断调整，但是方方面面依旧不够便利和畅通。

2.2.2 大数据金融支持的区域经济发展解决方案

1. 从顶层设计入手建立区域大数据金融统筹协调机制

建立区域金融大数据协调机制应该从顶层设计实现内部大数据金融合作。在北京、天津和河北，我们应该首先突破独立治理和资源分割的模式，建立区域金融大数据协调机制，探索区域大数据的金融合作的发展道路。促进协调发展必然涉及各方利益，最大的问题是各要素和资源配置不均衡，各地区机构之间缺乏利益补偿机制。因此，应打破行政壁垒造成的市场碎片化和层级化管理体制现状，加强顶层设计，完善协同发展协调机制十分重要。

2. 促进三大区域大数据金融资源的合理流动和优化配置

首先要树立大数据金融区域一体化发展的思路；其次要建立大数

据金融协调机制，解决区域大数据金融发展中的问题；最后要建立大数据金融信息共享平台，完善信息交流的渠道，降低信息与交易成本。全面利用京津冀地区优良的金融资源，利用其优势，整合银行、保险、证券、担保、信托等金融资源，取长补短，提高大数据金融服务水平和竞争能力。同时，要积极鼓励金融创新，促进银行、保险、证券、担保、信托等大数据金融机构的发展和合作，鼓励产权交易和投资的进行，拓宽高新技术企业、中小企业的融资渠道。

3. 加强金融业试点的推进

金融创新主要体现在两个方面。一方面，是促进金融市场多样化，满足各种金融需求；另一方面，是促进金融市场功能完善性发展，使金融机构能起到聚敛、调节、反馈的作用。京津冀财政创新主要是指建立京津冀区域内公共财政预算并且实施区域内横向财政转移支付。京津冀一体化应该用市场拉动民间资本，获得资金投入。同时，也要利用银行资本推动京津冀整合，利用市场无形的力量优化京津冀的资源配置，加快企业的转型升级和产业链优化。

4. 加快区域信用体系的建设，优化大数据金融生态环境

发挥区块链技术优势，通过建立京津冀地区金融大数据协调合作机构，指导并实现区域内企业和个人信用信息的共享，促进京津冀地区的信用体系建设，在京津冀协同发展的大背景下，优化区域大数据金融生态环境，为实体经济发展提供有效的金融支持。

5. 科技与金融融合，打造京津冀大数据金融产业

北京中关村是全国领先的互联网金融聚集地，也是推动国家大数据金融创新的重要推手。中关村正结合自身的金融科技优势，构建数据平台以推动互联网金融的持续快速发展，致力于大数据技术在金融服务业的应用，对于京津冀协同发展来说，这是金融科技与创新完美融合，应该通过发展京津冀大数据金融产业，推动京津冀区域协调发展。

2.3 大数据框架下的金融风险管理

当前，金融业已从传统的金融机构模式发展成为传统与新兴金融形式并存的状态。金融机构所面临的市场环境持续不断地发生变化，金融机构对客户长期行为模式的认知、对信息安全的认识、包括"新常态"理念在内的经济发展需要结合新时期发展的现实来构建。因此，金融业的各种风险正在逐步显现，必须引起人们的重视。风险因素分散、多样化，管理难度进一步加大。

2.3.1 传统财务风险管理体系的弊端

2017年4月，民生银行北京分行航天桥支行被曝涉嫌伪造金融产品。150多名银行高端客户购买了价值30多亿元的假冒金融产品。另外，2016年底，广州侨兴电信及侨兴电讯借了3亿元私募债到期未还款，其中也涉及浙商保险和广发银行，而后调查得知其伪造了相应担保文件、公章等，因此，广发银行惠州分行营业部经理与副经理被带走调查，当时的银监会进驻广发银行。上述事件表明，传统的财务风险管理体系难以有效判断内部控制机制和内部控制管理的不足，无法采用风险规避、风险预警和风险管理策略来有效防范风险。

随着互联网时代的到来，金融风险管理的范围进一步扩大，私募分离、影子银行体系、非法集资等各种新风险不断涌现。针对这些问题，传统的财务风险管理体系难以实现渗透管理，无法完全覆盖资金来源、中间环节，包括最终的投资路径。由于传统的金融风险管理系统没有使用大数据、区块链、云计算等现代计算机技术，因此风险管理系统的数据治理效果较差。

2.3.2 金融大数据应用面临的风险

1. 金融科技巨头可能会造成数据垄断

一些金融科技公司凭借其在互联网领域的龙头地位，掌握了大量的数据，可能导致数据寡头和数据垄断的现象。一些机构已经掌握了核心信贷数据资源，一些机构掌握电力交易数据和财务数据，还有一些机构掌握了部分传统金融机构和互联网金融平台的金融数据，有些甚至依靠大股东有很多离线交易数据，并通过合作掌握合作企业数据。由于缺乏共享的激励机制，与征信共享理念存在冲突。

2. 数据不共享，数据融合困难

政府和企业面临着数据共享的问题。在互联网大数据时代，数据就是核心资源。因为企业要保护商业秘密或节省数据处理成本，所以不愿意共享自己所获得的数据，一些政府部门也缺乏数据披露的措施。数据不共享现象的存在将导致大数据信用评估模型中数据维度和算法的不同，大数据信用调查模型的可信性和可比性大大降低。

3. 数据安全和个人隐私保护难度加大

目前获取大数据的方式大致有四种：自有平台积累、交易或合作获取、技术手段获取、用户自己提交数据。然而，由于相关法律法规体系的不完善，数据交易中存在许多违规行为，甚至存在非法数据交易和信息盗窃。大数据来源复杂且安全保护不足导致用户隐私泄露的风险增加。首先，我国金融行业大数据的发展甚至 FinTech 产业发展，在很大程度上归功于互联网的发展应用，从互联网应用场景到大数据的转移往往发生在一些金融科技企业集团，这个过程缺乏监管和标准，可能侵犯用户的知情权、选择权和隐私权。其次，存在多边交易、多访问应用数据的可能性，隐私数据保护的边界不明确。技术手段的增加提高了信息获取的隐蔽性。一旦发生隐私泄露纠纷，用户将面临取证和诉讼的困难。最后，大数据收集的标准不同，可能会侵犯用户的知情权和隐私权。可以看出，在大数据背景下，个人数据应用的隐私保护是一个复杂的消费者权益保护问题，涉及伦理、法律、技术等多个领域。

2.3.3 以实时大数据为核心优化财务风险管理

1. 建立健全个人信息保护法律制度体系

通过建立个人信息保护法律体系，大数据产业可以在数据采集、处理集成、使用等多方面依法发展。制定法律法规保护个人信息，应该系统地考虑和解决以下问题：第一，明确大数据监管机构，特别是金融大数据监管机构的职责范围，赋予其充分的监管权力。第二，保护大数据主体的知情权、选择权、访问权、携带权等权利。第三，严格定义数据控制器的行为边界。数据控制器必须按照法律法规进行数据处理，规范大数据从互联网应用场景向金融领域的转移。第四，明确数据控制器等主体违规使用数据的行为。

2. 加速信息共享机制的建设

促进政府信息公开，扫除信息共享障碍，发挥大数据在促进行业转型升级中的作用，减少信息和其他方面的成本，提高经济效率和社会福利。一是进一步完善个人信息保护的法律法规，避免因信息共享而导致的数据安全和个人隐私泄露。二是打破数据垄断，对大数据进行分级管理，将政府所持有的大数据定义为公共产品，并按照法律法规向公众开放。将涉及公共利益的机构拥有的大数据也定义为公共产品，持有此类大数据的机构必须在保护个人隐私的前提下共享数据。将主要涉及商业利益的大数据定义为非公共物品，并将其推广到合法使用范围内的交易。三是大数据需要标准化，使政府信息和不同行业之间的数据可以交互分享和使用，打破信息共享过程中所面临的技术障碍。

3. 发挥行业自律组织作用

行业自律组织可以在规范行业内大数据使用方面发挥作用。第一，行业自律组织可以积极制定大数据信息收集和使用标准，探索大数据信息数据库的安全管理标准和异议处理机制，引导和规范大数据行业的发展，保护信息主体的权益。第二，行业自律组织有利于推动大数据标准化。标准和真实的大数据是人工智能大数据分析的基础。自律组织可以积极引导或配合监管机构制定大数据标准，整合不同行业的大数据。

2.3.4 大数据时代的金融风险管理特点

1. 创新风险所占比例不断上升

互联网进一步加强了买家的实力。网络金融、网络信贷等新金融产品的出现，也给金融机构带来了更多的互联网客户，增加了金融机构资信审查和信用评估的难度，也带来了很多不确定的风险。

2. 创新产品的风险比例增加

基于金融创新的不断深化，信用违约掉期（CDS）等新的金融风险产品反映出高杠杆率、高流动性风险、价格波动性强的特点，无法合理确定其资本状况和风险暴露的后果。

3. 创新风险控制技术比重较大

金融机构可以基于大数据技术优化系统风险控制模型，构建一个全面的反欺诈系统，整合预防、控制和补偿等功能，强化监督，基于大数据的技术提高财务风险预防和控制的有效性。

2.3.5 大数据在金融风险防范中的助力作用

1. 大数据风控方面

金融是风险行业，风控能力是金融机构的核心竞争力。金融机构通过信用评分模型计算贷款违约概率,确定违约损失分布以避免风险损失,并根据预测的风险水平进行利率定价。传统的信用评分模型主要使用历史贷款数据和财务数据来预测和判断借款人的违约风险。传统评估方法最大的缺点是无法对缺乏历史贷款数据的借款人的信用风险进行评估。在征信制度不完善的经济中,信贷供给不足。虽然中国人民银行的信用信息系统覆盖 8 亿多人,但只有 3 亿多人有信用历史,对于大部分信用历史记录空白的群体,传统的风险控制技术是无效的。即使在信用调查行业高度发达的美国,FICO 评分也被批评过于单一和片面,显示出严重的时间滞后。

大数据风险控制是互联网大数据基础之上进行的。将数据挖掘、机器学习等大数据建模方法应用于贷前信贷审核、反欺诈等风险控制管理环节。相对于传统的风险控制模型,大数据风险控制具有三大特征:第一,数据种类多、维度大。除了传统的信用变量,大数据风险控制模型还包括社交网络信息等信息,为信用记录不足的群体获取基本金融服务提供了可能。例如,ZsetFinance 数据来源广泛,既有传统信用记录等金融机构收集的结构化数据,也有法律记录、交易信息、电子商务、社会信息等非传统数据和非结构化数据。第二,关注行为数据,而不仅仅是历史财务数据。传统的信用评分模型的状态变量和反映债务和资本递延等评价主体活动基金,但是大数据信用评估更关注数据的评估主体的行为,在互联网大数据的时代,电子商务、社交网络和用户的搜索行为,如大型数据映射的经济主体的教育背景、工作经验、社交圈,这些可能有某种联系方式和信用等级。大数据技术是在充分调查借款人借款行为背后的线索和线索之间相关性的基础上进行数据分析,从而降低贷款违约率。第三,模型的建立是不断迭代和动态调整的结果。大数据风险控制模型的输入数据是数以万计的原始数据,基于机器学习技术,如数据挖掘、发现数据之间的相关性,基于积分变量的相关性,并转换为指标,每个指标在一定方面反映借款人的特点,如欺诈的概率、信用风险和偿付能力等。然后将这些指标输入到不同的模型中,最后根据一定的权重对模型的结果进行求和,输出的是信用评分。在整个过程中,将原始数据转化为指标需要不断迭代,不同模型的权重值可以根据样本动态调整。

如今,越来越多的互联网金融公司,尤其是在网络借贷和互联网消费金融领域,开始使用大数据风险控制技术。

2. 大数据征信方面

风险控制和信用风险管理活动的不同之处在于,风险控制通常是一个公司依靠他们自己的数据和资源,帮助客户识别和控制信贷风险,而信用风险管理是"第三方"收集、整理、存储、处理自然人、法人和其他组织的信用信息,并提供信用报告、信用评估、信用信息咨询服务。

社会征信体系建设滞后于传统的基于信用历史数据的风险控制技术。美国是信用调查行业相对发达的国家之一。其中一个重要的原因是美国的信用卡行业非常发达。在美国,信用报告体系主要由三种机构组成,第一种是商业银行和贷款机构,在银行业务的过程中积累了大量的客户贷款、还款、违约的历史数据,这些都属于信贷相关的变量,这些机构的信用记录将被传递给第二种类型的机构,信用报告公司。第三种是注重信用评分的公司,尤其是 FICO 评分。其主要功能是根据征信公司的信用报告找出变量与违约概率之间的关系,即建立信用评价模型。银行和其他金融机构可以根据 FICO 评分做出贷款决定。

我国的征信机构由中国人民银行征信中心和其他民间征信机构组成。在互联网时代,信用报告行业带来了大数据应用数据调查,这是指通过收集个人或企业从事互联网业务过程中使用互联网服务的信息数据,结合线下渠道,收集相关信息,利用云计算等技术手段进行信用评估和评价的活动。我国从事大数据信用调查的机构主要有四种类型。第一是电子商务平台。它对平台上积累的用户行为数据进行收集、整理和处理,通过深入挖掘和评估,为合作金融机构的信用审批提供风险定价服务。第二是 P2P 网络借贷。通过自建的客户信用体系，为自己的平台匹配投融资业务。第三是同行信息数据库。小额信贷行业依托在线金融信用调整和信用信息共享服务平台，由 P2P 提供调查服务机构加入数据库收集的基本个人信息。第四是互联网大数据企业。从第三方收集、整理、保存互联网数据，利用分析模型和信用评分技术，形成符合客户需求的征信报告、评级报告等产品，并提供给第三方。

大数据征信在我国具有巨大的发展潜力。一方面，我们的信用体系覆盖面非常有限。另一方面，我国互联网特别是移动互联网发展迅速，移动终端积累了大量的用户行为数据。这些在线交易和社交平台积累的数据对于填补信用历史空白的主体的信用评价数据非常重要。

从风险控制和信用调查的角度来看，大数据在金融行业有着广阔的应用前景，有利于金融风险的防范。

2.3.6 基于大数据金融风险管理的政策建议

1. 利用大数据加强信用管理

商业银行应深入挖掘与客户相关的各种数据，如资金交易数据，为寻找关键敏感信息提供条件。因此，商业银行应重视培养大数据分析团队，为大数据信用管理模式的建立提供人才保障。

2. 建立适应大数据的数据管理系统

商业银行应努力探索与信贷管理相关的数据仓库建设，更新信贷管理的关键数据，建立和完善一套客户数据采集、清理和分析控制系统，实现系统化、程序化、规范化的数据管理。

3. 搭建信用管理大数据平台

商业银行应积极寻求与移动通信、电子商务、社交网络等平台的合作机会，搭建信贷管理所需的大数据平台，拓展商业银行信用评级、授信审批、贷后监控等信息采集渠道的信贷管理关键环节。同时，信息收集的范围应扩大到企业生产、销售、财务管理、业务联系、行为偏好的核心管理等方面。

4. 引入数据思维加快风险管理模式的改革

商业银行应当使用大量的数据和信息来支持风险识别预防和控制的能力，建立一个基于大数据和以顾客为中心的全面风险管理系统，结合定性和定量的财务信息的经验判断和筛选模型开展现场调查和非现场数据挖掘和分析。

第 3 章

区块链金融与区域经济发展

3.1 区块链与金融

3.1.1 区块链的交易流程

区块链的主要交易步骤是:"创建新交易—使用 P2P 网络进行通信—验证新交易—通过 P2P 网络检查结果—新交易入账"。具体地说,在节点之间创建新的事务,并生成交易订单;发送节点负责向整个网络传播新事务的数据记录;接收节点记录并验证收到的数据;整个互联网的接收节点开发了一种块数据记录的一致性算法;将协商一致算法后的块数据作为标准区块链处理并存储。

3.1.2 区块链的基础架构

一般来说,区块链技术的基础架构主要分为六个部分,它们是独立的,但又是不可分割的。第一,数据层主要包括数据块和非对称加密、时间戳等技术。其目的是存储分布式块数据,验证其存在性和完整性,保证其可跟踪性和不可篡改性。第二,网络层包括分布式网络机制、数据验证机制、数据传输机制和相应的奖励机制等,构建网络环境和相关的交易通道。第三，共识的内容层主要是每个节点的共识算法，包括 POW 共识机制、POS 共识机制、DPOS 共识机制等，这表明参与节点可以达成共识的有效性数据块在分散式系统，高度分散的决策权。第四，激励层包括考虑区块链的经济要素，包括经济激励的发放和分配的相关机制。第五，契约层的内容主要包括各种脚本、算法和智能契约，这些脚本、算法都是基于区块链虚拟机的业务逻辑和共识算法，有利于更好地实现区块链技术的编程和操作数据块。第六，应用层是区块链中的各种应用场景和案例，包括可编程货币、可编程的金融西戎和可编程的社会。在区块链技术的基础设施中，最具创新性的是基于前言的时间戳技术的共识机制、链块结构、基于共识算法的经济激励以及十分独特的灵活可编程的智能契约。

3.1.3　区块链技术的特点

所谓区块链是以比特币为代表的分散式信任计算机技术的创新应用模型，它利用自己的节点存储、验证、传输和通信网络数据。从形成过程来看，区块链技术有五大特点。

1. 去中心化

区块链技术不是在依赖其他管理机构或硬件设施，每个节点使用分布式存储和验证来实现数据信息的验证、传输和通信。"去中心化"是区块链技术中最明显的特点。"分权"是由"传统的绝对集权"向"多元集权"的转变，是对传统中心弱化的表现。区块链网络中没有绝对集中的第三方管理机构或绝对集中的第三方硬件设施，每个核心节点的功率和任务是相等的，任何节点的损坏或丢失都不会影响区块链系统的正常运行。

2. 去信任中介

区块链技术有着去掉信任的特点。"去掉信任"不是没有信任，而是由基本的数学算法来保证的。因此，信任来自区块链技术中的数学算法，不需要构建其他信任中介。这意味着可以在区块链系统的节点之间进行正常的块数据交换，并且它的操作规则和所有块数据的内容都是开放的，不允许在系统规定的范围和时间内欺骗其他节点。

3. 开放性

区块链的开放性有两层含义。首先，区块链应用程序基础会对参与者开放源码。其次，区块链的所有数据都对参与者开放。在整个区块链系统中，只有交易方的私有信息被加密，其余数据信息对所有参与者开放。任何节点都可以通过开放接口访问相关数据信息，开发相关应用程序，因此整个系统的块数据信息是开放的。

4. 独立性

区块链系统不依赖其他管理机构或硬件设施，基于统一的标准协议，每个节点都可以在系统内进行分布式的信息存储、验证、传输和通信，甚至不需要人工干预。

5. 数据可靠性

区块链系统的数据具有可靠性这一十分重要的特征，即台账数据在整个系统中的可靠性。该系统使每个节点通过分布式会计获取完整的块数据信息。除了同时控制区块链系统中绝大多数参与节点外，任何节点对系统中区块数据的任何信息篡改都是无效的，不会对其他参与节点的会计信息产生任何影响。一般来说，区块链系统中的会计节点越多，系统中区块数据的安全性就越高。

3.1.4 区块链技术在金融领域的应用现状

区块链在国际汇兑、信用证、股权登记和证券交易所等金融领域有着潜在的巨大应用价值。将区块链技术应用在金融行业中，能够省去第三方中介环节，实现点对点的直接对接，从而在大大降低成本的同时，快速完成交易支付。具体应用领域如下。

1. 数字加密货币

数字加密货币通常基于 P2P 网络，基于中国电子货币。供应链是由系统预设的数学公式确定的。总供给是固定的，不需要由中央银行控制和管理。区块链技术此应用中的作用是非常重要的。在数字和货币的交易中，区块链作为载体辅助数字货币的交易过程。第一，交易方在数字钱包中填写相关信息；第二，将完成的交易信息放在一个特定的区块中；第三，区块内容通过广播传输给所有参与者。第四，所有参与人都承认本次交易均有效；第五，将该区块添加到区块链系统的信息系统中，完成交易。区块链技术在数字货币中的合理应用，不仅让数字货币可以远程交易，而且大大降低了交易的处理费用。因此，此应用也得到了广泛的认可和传播。

2. 跨境支付结算

区块链技术也被用于跨境支付结算。具体的结算流程如下：首先，汇款人在区块链系统中签订与交易相关的智能合同，合同明确了汇款过程中的义务；其次，银行或其他汇款机构可以通过区块链系统完成实时转账。在此应用中，跨境支付结算中的交易成本有着明显的降低，交易速度也得到了极大地提高。根据有关数据，由于区块链技术的应用，跨境交易成本明显下降，从 26 美元降到 15 美元，交易成本中的 75% 是中介银行的维护成本，剩下的 25% 是劳动力成本。区块链技术将在跨境支付结算中发挥着关键的作用。

3. 供应链金融

交易风险大、时间延迟、支付延迟等现象都会出现在传统的供应链金融中，而有了区块链技术的辅助，以上现象得到了很大程度的好转。根本原因是区块链技术将基于纸张的手工交易模式转变为在线交易，大大降低了供应链参与企业的程度。这样就大大减少了交易成本，有效地提高了效率，这让贸易行业的融资更便捷。

4. 证券发行交易

区块链技术在证券发行交易市场上也有着不容忽视的作用。这种技术不单让全部参与者在金融交易市场享受数据和信息的共享，也有助于加强证券发行交易过程的开放性和高效性，转换传统的基于中介的交易模式到一个分散的网络证券交易。该技术本身具有非常强大的数据计算能力，所需的运营成本被划分为场地。因此，合规使用区块链技术，不但能对股权实时地记录和交易，也可以提高原本的结算系统运转效率。此外，此模式下的证券发行交易也采用"T+3"交易结算模式，缩短了交易时间，可以大大提高证券交易的可控性和效率性。

5. 企业合规性审计

区块链技术可在某些方面上优化企业的审计工作，具体表现在以下几个方面：第一，企业内部数据信息的透明处理，自动更新和记录数据；第二，可以使用专门的软件来完成合规审计，这可以大大降低审计的人力和时间成本；第三，减少过去审计时出现的人为错误，简化了审计流程，提高准确性和效率性；第四，系统集成功能会创建分布式账本，从而很大程度地降低了审计中的重复劳动；第五，银行税务部门可以通过区块链系统访问企业的数据，简化纳税过程。

6. 数字票据

数字票据大部分都是虚拟电子诈骗。虽然这类票据并非实体性票据，但它们已经具备了实物票据的一些属性，有一定法律效力，可以集成到实际应用中。从宏观上看，数字票据是信息社会发展的必然产物。使用数字账单时的应用优势主要包括：首先，将区块链系统信息中的所有数据作为评估和判断个人信用等级的理论依据。这样可以大大降低数据工具在流通时的安全风险，建立良好的信用环境。其次，如果在交易时出现争议，员工可以使用区块链技术读取相应的数据信息。这样就可以迅速地有效控制数字票据的流转过程。最后，该技术本身具有较可观的安全风险防范功能。因此，这种模式下的数字票据流通和交易可以很大程度地降低重复质押等发生的概率，从而强化了金融领域交易的安全性。

7. 客户征信及反欺诈

对于各大银行来说，其法律合规的成本以及核实客户征信真实度的成本在不断上涨。为了满足逐渐严格的监管要求，各类型商业银行纷纷投入资源以加强信用审核及客户征信，从而提升反欺诈、反洗钱和抵御复杂金融衍生品过度交易导致的系统性风险的能力，而区块链技术就是其中之一。

当客户的交易信息记录登记在了区块链上时，这能够帮助银行鉴定出异常的交易行为，并有效提高防欺诈水平。现有的征信制度将在区块链技术的介入下，发生翻天覆地的变化。因为借助此项技术的银行在进行"认识你的客户"（KYC）步骤时，可以将有不良记录客户的数据储存在区块链中。同时，在法律允许的情况下，如果客户的这些交易信息通过交易记录进行关联共享，将帮助同业银行节省大量时间成本去执行 KYC 的重复工作。

3.1.5 前景展望

虽然区块链技术在金融领域得到了广泛的关注，但目前来看，真正的实际使用区块链的应用项目很少，能够创造出具有生态思维的新型商业模式的应用场景也没有出现。区块链在金融领域的应用还处于探索的早期阶段，前景非常广阔，但任重而道远。虽然面临不少的困难，但以长远的眼光看，区块链在金融领域仍有很大的应用潜力。特别是在特定的一些领域，区块链技术很有可能很快就可以被应用，并形成规模经济的应用项目。

首先是在跨境金融交易方面，如国家数字货币出现后，跨境银行间证券交易和结算将得到显著发展。其次，不论国内还是国外，现在供应链金融已成为区块链应用的关键领域。区块链技术的供应链金融平台已经被中国人民银行数字货币研究所在深圳试点建设。再次是以期货交易所、证券交易所、结算所、清算所等为代表的金融机构，在证券交易后的结算清算中具有良好的应用前景。最后，跨境贸易融资领域，特别是促进转口贸易发展，可以显著改善现在国内转口贸易的现状，促进流程的数字化，提升效率，提高竞争力。除此之外，区块链技术将广泛应用于普惠金融、数据共享、资产证券化、抵押贷款、反洗钱（KYC/AML）和身份认证及不良资产管理等领域。

3.2 区块链金融助推区域经济发展

3.2.1 当前经济金融发展中存在的问题

1. 劳动力的成本优势已经消失，相关的生产成本提高

我们国家因为有着十四亿的人口，所以当之无愧是世界的人口大国。改革开放的时候因为借助了人口红利这个很好的优势，还有便宜的土地、税收的折扣，吸引了大量外资的进入。中国因为外资的进入，拥有了全新的技术、满满的活力和充足的资金，这也从很大程度上促进了中国经济的发展。但是到现在这个阶段，中国工人所要求的相关工资已经不像曾经那样低了，使用土地的价格也是连年上涨。在这样的大背景下，有许多劳动密集型和靠"三来一补"政策的外资企业离开了中国。这样的变化，对于本地的企业也有着十分深厚的影响。于是，现在很多的企业，无论是国外的还是国内的，都愿意到一些有着低廉生产要素价格的地方去生产，比如说东南亚、东欧、南美。

2. 创新能力与发达国家相比有差距

随着我国经济实力的迅速增长，后发优势逐渐减弱，伴随着国际环境的恶化，自主创新成为突破封锁的关键一招，但在这个过程中也应充分认识到基础科研水平与关键核心技术与西方发达国家的差距着力提升创新能力。

3. 金融资产隐匿性助长了腐败

在现在的情况下，腐败现象在一些资金密集、资源富集、权力集中的重点领域具有突出性，金融行业的腐败和作风问题不容忽视。利用区块链技术加强金融服务的可视性与不可篡改性，一定程度帮助解决贪腐问题，助力经济发展。

4. 个人信用评级体系信息尚未完全打通

首先，缺乏个人信用记录。个人信用通常是通过档案记录建立的，没有记录，就无法判断信用的好坏。目前，绝大多数居民能提供的信用档案，一是身份证和户籍证明，二是个人人事档案，三是个人存单和实物资产。但这三个档案并不能完全证明个人收入的数额、来源和可靠性，也不能提供个人过去的信用记录。截至2020年，中国还没有建立个人资产申报制度，个人和家庭收入状况也不透明。此外，个人信用信息分散，无法形成统一的个人信用档案。但征信体系也在加速构建中，由人民银行牵头成立的征信中心已经开始面向社会公众和金融机构提供二代格式信用报告查询服务。

其次，缺乏专业的评估机构。目前，我国还没有专门的中介机构对个人信用记录进行调查和系统化地对这些信息进行处理、分析和评估，使得消费信贷的发展只能依靠银行自身，效率非常低下。一方面，信息过于分散，银行无法收集；另一方面，银行需要花费大量的人力、物力来收集信息，增加了银行运营成本，审批贷款时间过长。此外，对于其他需要个人信用的机构，银行持有的个人信用数据不会随意公开，无法实现资源共享。

最后，缺乏成熟的市场环境。一是在中国的大宗商品二级市场，一旦发生信贷危机，银行基本上是亏损的承担者。商业银行没有充分利用各种金融工具将部分风险分散给投资者，提取部分资金发展信贷，形成良性循环。二是缺乏销售个人信用报告的市场。美国三大信用机构和1000多个地方信用机构收集了1.6亿成年人的信用数据，每年销售超过6亿份个人消费者信用报告，创造了超过100亿美元的收入。

中国没有这样的市场，也没有其他分享资源的好方法。

5. 商业银行在内部控制、市场准入监管及风险预警方面存在较多问题

从商业银行内部监管的角度来看，商业银行的重要任务之一是风险管控，在新的监管标准之下，信用风险、流动性风险以及市场风险是银行风险的主要形式。由于产业架构的调整、潜伏风险危机以及经济衰退等各种因素的影响，而使商业银行面临的风险增加，商业银行缺乏内部监督和管制，致使风险管控严重不足，同时监管部门也未能采取措施有效提高风险识别、评价、预警手段，从而加大了商业银行的风险不确定性。而完善商业银行内部监管是加强商业银行外部管制的必要条件，商业银行内部监管的漏洞可能会引起内外部监管的双双失衡，甚至是持续破坏金融经济。

从市场准入和退出监管机制来看，其存在严谨性不足的问题。市场准入监管是商业银行监管的重要环节，主要目的是保证银行业的健康发展。然而在实践中，伴随不同地区监管机构不断深化的改革，监管部门对市场准入机制监管的法律规定与现实中的监管存在差距。监管部门难以掌控商业银行创新产品的准入风险，商业银行创新水平的提升使得其难以适应监管准入标准，而监管人员不按照规章审查也加剧了这种态势。市场准入监管是监管部门对商业银行监管的第一道防线，若市场准入监管工作存在不足，则会严重影响监管效率。与市场准入对应的市场退出监管机制也存在着不足。在一定程度上，虽然中国人民银行作为银行的最后贷款人能解决商业银行的资金困难问题，充当商业银行最后一道防线，但同时可能面临着巨大的风险，甚至不惜牺牲消费者的合法权益。所以完善商业银行的退出监管显得非常有必要，一方面减少了极端风险的存在，维护了商业银行和消费者的利益，另一方面也缓解了监管机构的监管压力。

从非现场监管的风险预警能力角度来上来说，其仍有不足。非现场监督管理的任务是中国银保监会和中国人民银行都必须承担的监管责任，由于没有统一和标准的工作规范，从而使得商业银行监管人员对非现场监督管理的理解和实施具有较大的非确定性空间。监管中的不同部门都有采集数据的权利，并且数据汇集的路径不相同，银行也出现监控风险的部门、统计数据的部门、信用贷款部门等报告数据的情况，因此导致数据校准不同。现场的监督检查与非现场的监督管理未能有效地融合，不统一的监管数据和信息，在高风险部门没有高效运用监管资源，造成资源浪费。

从监管方式上来说，其过于落后。商业银行创新发展的步伐逐渐加快，在带来高效益的同时，也增加了行业风险，加大了商业银行的监管难度，传统的监管方式难以适应新的商业银行经营环境。首先表现出来的是监管工具的落后，随着金融科技对银行业的渗透，商业银行也加大了科技赋能力度，持续创新商业银行业务，刺激新的金融、经济发展点，而我国商业银行监管本身以行政监管为主，监管科技水平提升缓慢，难以适应商业银行创新业务的发展水平，所以呈现出监管技术落伍的态势。其次表现为监管流程的僵化，行政监管难免会出现这类问题，特别是非银保监会部门着重于现场检查，往往导致流程浮于表面，未能起到真正的监管作用。最后表现为监管信息的非确定性，一方面是因为监管内幕的因素，造成商业银行监管信息与现实相违背，另一方面是由于监管制度的缺陷造成监管者与被监管者的信息交流不对称。

3.2.2 以区块链为支撑的地区经济发展解决方案

1. 利用区块链技术提高管理效率

通过区块链技术研究开发出一套软件系统，并且安装在企业销售、采购、加工、生产、运输、服务等各个环节。区块链技术具有分散化的技术，使各部门能够独立完成生产。区块链技术还具有广播和分享的功能，使企业员工随时随地了解产品生产的现状，便于管理者及时做出各种管理决策。

2. 利用区块链技术确保产品质量

区块链技术具有不可篡改的特性，一旦数据信息被记录下来，那么这些信息就不能被人为篡改，这些技术应尽快应用于食品药品安全和产品质量保障。近年来，中国出现了许多食品和药品问题，如受污染的大米、受污染的牛奶、假疫苗等。无良企业不顾人民群众的安危，一味追求利润，制造了大量假冒伪劣产品，严重威胁消费者生命安全，所以中国政府应该高度关注食品安全和产品质量问题。运用区块链技术对食品药品等产品生产全过程进行跟踪，加大对食品药品质量安全的监管力度，可以有效提升产品质量。

3. 利用区块链技术减轻金融企业行政管理负担

在当前大多数金融企业的架构中，普遍存在管理层级多，审批手续复杂的情况。而区块链技术的应用能够通过去中心化的理念，让企业各职能部门的管理趋向扁平化。在管理学中，对于企业扁平化有三个考察点，其一是要拥有较高的透明度，其二是要让全体职员具备战略思维，其三是工作流程中存在多个连接者。从中我们不难发现，这三个考察点中，第一点和第三点都是区块链的最基础特性。通过区块链的去中心化，能够让所有的工作流程透明、迅速地传达下去，并完全落实到每位员工的具体分工上，从而避免了由于分工不明确、指派不到位而产生的互相扯皮推诿的现象。与此同时，通过区块与区块之间的连接，恰好能够在工作流程上载入较多的连接者，以此起到良好的制约作用并起到有效的监督效力。

4. 使用区块链技术监控和跟踪金融腐败

区块链技术可以用来监督政府机构公务员资产，通过对公务员的资产进行全程跟踪，必要时还可以对其资产来源进行调查和溯源，在一定程度上有利于防止腐败。当然，重要的是要保护他们的隐私，没有得到执法部门的同意，是不能够随意调查他们的财产的。借助区块链技术，构建明晰的政商关系，打造更好的营商环境，促进地方经济发展。

5. 使用区块链技术进行个人信用评级

使用区块链技术，可以记录个人信用评级。理论上讲，只要个人所有行为全部上链，区块链技术可以记录每个人不同的消费习惯和信用状况，通过大量的数据分析，可以分析出一个人独特的信用状况，并为金融机构发放相应额度的贷款提供说服力强大的证据，也可以为解决保险行业存在的信息不对称问题提供巨大的帮助。

6. 运用区块链技术为金融机构推广新的偿债方式

利用区块链技术，可以开发一种新型的金融债券交易业务。区块链技术具有非常强大的记录能力，即通过对多个问题的根源进行跟踪，然后可以计算出复杂的债务业务，帮助金融机构实时监测个人或者企业债务运行状况，有利于银行减少坏账并保持资本活力。

7. 运用区块链技术构建数字政府服务平台

在互联网浪潮的推动下，各级政府纷纷提出"数字政府"概念。就当前各政府机构所设想的目标来看，搭建这样的数字平台，其主要目的就是为了打破"信息孤岛"的效应，通过塑造安全的政务云平台，在数据资源整合及一体化政务服务系统的集成下，打造出大数据绘制、大系统共治的顶层架构，实现互联网和政务服务深度融合。而区块链去中心、分布式的理念恰好满足了这样的发展需求。具体而言有如下应用场景：（1）它能够支撑政府数据在基层进行业务共享。这些共享包括但不限于数据安全、数据流通等方面。特别在各部门需要协同合作时，通过数据的不可篡改性，能够通过统一的标准和节点控制，保证数据的质量。（2）在业务流程层面，通过区块链技术，也能够促进部门一体化工作进度和办事效率。

8. 应用区块链提高商业银行监管水平

为提高监管水平，我们要利用区块链技术启动监管合规服务。区块链技术可以为商业银行监管部门提供高效的合规监管服务，将监管制度、规章政策和符合规则的要求编译为数字协议，通过自动控制的方式来减少人力妨碍风险管控和数据统计的危害，更加方便、完整、有效地执行和操作，减少商业银行的监管成本，高效落实监管过程中产生的要求。

通过区块链技术对数据进行自动化采集、报送和反馈，提高效率，降低时间和人力成本。例如反洗钱行为，随着监管科技领域和区块链技术的进步，商业银行监管机构可以使用区块链技术，对现有步骤进行优化和改造，从而让监管部门更高效地实现监管方面的合规。通过区块链技术和人工智能地结合能够帮助商业银行开展对反洗钱行为的检测，并通过用机器学习和大数据审查的方式，能够有效及时地检测、预测违规违法行为。

商业银行通过区块链技术还能向监管部门报送各种数据，从而有效地提高合规监管水平。商业银行应用区块链可以优化监管领域内部日常的运作方式，提高识别业务风险的能力，提高执行和准确理解监管规章的能力，快速、灵活地响应监管要求，不断达成合规监管的目的。

商业银行运用区块链技术提高监管效率关键在于四个方面：其一是构造区块链技术系统，改进监管方式、促进数据的产生和报送方式，改进报告手段，防备规范操作性风险，减少人工对其进行的干预，实现监管成本的降低。其二是利用区块链技术建立商业银行各项业务的风险防控模型，对业务行为进行建模分析，积极识别潜伏存在的风险或异常业务，并采用积极有效的解决方式来处理。其三是运用机器学习，从大量的非结构性数据（文件、邮件等）中进行商业银行的内在行为分析，评估银行的交易业务中是否有隐藏、诈骗或信息外漏等各种可存在的风险，是否符合监管审查的要求，对被监管业务的合法合规性实现事中监测。其四是在监管科技中采用区块链技术持续满足金融业务活动要求合规。基于这些数据资料，采用先进的区块链技术，在商业银行监管领域搭建起合规监管平台，为监管机构提供更加有效、更具成本效益的服务。

另外，还可以利用区块链技术监控商业银行交易业务。通过扫描虹膜、识别指纹等生物类型的识别科技，区块链技术能够自动并更加有效地识别客户的身份信息，预防欺诈、洗钱等风险行为；监管部门运用区块链技术，能实时获得并分析监管的数据，从而有效识别商业银行等金融机构的异常风险行为，适时采用预防和控制风险措施，提高决策监管的信息化和智能化程度。监管机构也积极尝试利用区块链、大数据、云服务、云平台等技术的结合开展符合监管规则服务，尽全力帮助商业银行审核检查其管理业务的流程是否与监管政策相符。在采集商业银行等金融机构大量数据的基础上，监管部门可以借助区块链等技术构建风控模型，实时对各类业务进行监控，更加有效地识别欺骗性交易，及时采取预防和控制风险措施。

9. 应用区块链技术优化供应链金融

路径一是通过智能保理系统拓展授信对象。如果银行能有效运用区块链技术，那么就可以开发一个提供给链上所有企业使用的供应链金融智能保理应用系统，二级供应商可以使用智能保理系统，将那些发票上记载着该应收账款已经转让给银行等金融机构的编码发布在相应的区块链上，这些发票开给一级供应商，一级供应商将其他必要的编码 B 添加到这个发票记录中，连同原来的转让信息变成新的编码 A + B，发布在到相应的区块链上。当这些贷款到期后，核心企业依法直接把款项付给银行，操作流程如图 3 - 1 所示。与此同时，银行还能通过智能保理系统追溯每个节点的交易，保证信息真实有效，避免逆向选择和道德风险问题的出现，银行可以了解相关交易的全部流程，从而保证银行贷款可以按时收回。

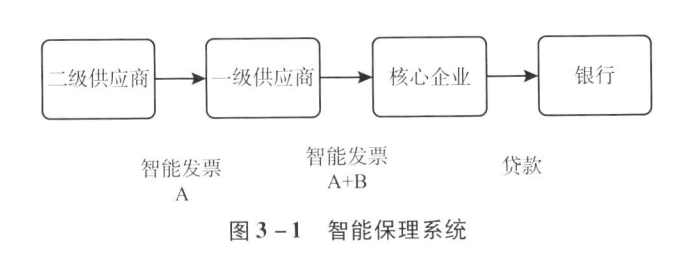

二级供应商 → 一级供应商 → 核心企业 → 银行

智能发票 A　　智能发票 A+B　　贷款

图 3 - 1 智能保理系统

同时通过这个智能保理系统，供应链上二级及以上供应商和经销商更容易获得银行的贷款，从而降低这些相关企业的融资困境，更好地满足其资金需求，促进这些企业的经营发展。因此，区块链技术的应用，可以帮助核心企业二级及以上供应商获得供应链金融保理业务，从而实现授信对象的拓展。

路径二是通过解决信息不对称问题保证数据信息真实。区块链技术应用在供应链金融中可以通过解决信息不对称问题，保证数据信息真实，图3-2反映了这一过程。银行在贷款中会考虑小微企业的还款能力，但是很多企业可能虚构信息获得贷款，因此银行还关注这些企业所提供的交易数据信息是否真实。在现实情况中，为避免信息被篡改，银行会调查核心企业使用的ERP系统制造商。即使这样，银行仍会担心交易信息被核心企业和上下游企业合伙篡改，因为这些企业有动机这么做，因此银行会怀疑信息真实性。但是区块链技术具有可追溯性、去中心化、公开性和不可篡改的特征，因此供应链中的所有交易数据记录可以分布在所有节点的数据库中，并且区块链上的数据具有不可重复记录和时间戳等特征，使得信息被篡改的可能性大大降低，因此区块链技术可以解决银行对篡改信息的担忧，使得银行所获取的数据信息更加真实，因此会促进供应链金融的发展。在传统供应链金融体系下，企业融资和商品交易作为相互独立的环节存在于贸易流程中。如果供应商企业C和核心企业A签订订单合同，它将向银行B提出融资请求，通过融资满足生产需求。由于银行B对信息的掌握并不充分，所以银行会花费大量的时间成本和人力成本来降低贷款的风险。但是在区块链技术的应用下，对于这项交易，当供应商企业C和核心企业A签订订单合同时，这些信息将记录在这些相关方认定的区块中，因此银行可以保证交易的真实性，节省相关的人力和物力成本。综上所述，区块链技术应用在供应链金融中可以通过解决信息不对称问题，保证数据信息真实。

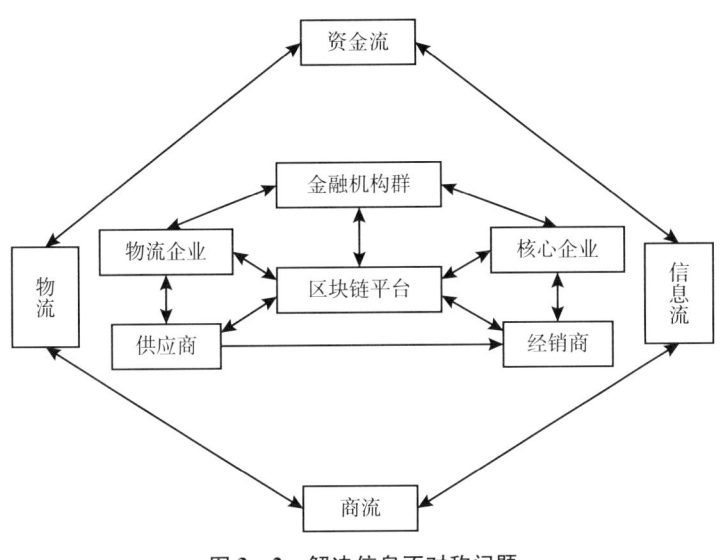

图 3-2 解决信息不对称问题

路径三是通过智能算法约束实现交易全流程的可视性。由于智能算法的约束，可以使供应链上企业每一项录入的区块信息不可篡改，同时可以追根溯源。由于区块链技术具有公开性的特征，因此区块链技术在供应链金融中的应用，可以将供应链上企业的企业合同、订单、票据等纸质凭证转化为数字资产，这种转化可以保证信息的真实有效。在这种情况下，不同交易主体可以使用具有相同来源的区块链数据，并且可以保证这些信息的客观性，交易参与方可以实现对交易全流程的可视，从而使传统供应链金融市场抵押贷款或承诺的流动性提高，使核心企业的信用得到进一步的应用，使供应链上小微企业获得银行授信支持，最终能够解决供应链上小微企业融资困境。综上所述，由于区块链技术所具备的特性，应用在供应链金融中，可以通过智能算法的约束，实现交易全流程的可视性。

路径四是通过信息在链上企业多级传递实现核心企业信用传递。区块链技术由于具有可追溯性、去中心化、公开性和不可篡改的特征，应用在供应链金融中，参与交易的主体可以使用有相同来源的区块数据，并且这些区块信息真实有效，不可被篡改，交易参与方可以实现对交易全流程的可视，此外银行还能通过智能保理系统追溯每个节点的交易，可以避免信息不对称问题的出现，因此供应链上二级及以上供应商和经销商更容易获得银行的贷款，核心企业信用不再局限于和核心企业直接发生交易的一级供应商和经销商，从而实现核心企业信用向二级及以上供应商和经销商传递，降低这些相关企业的融资难度和融资成本。通过智能合约支付核心企业后，银行等金融机构和各级供应商能使资金自动清算，从而进一步降低成本，提高运营效率。综上所述，区块链技术应用于供应链金融中，可以通过信息在链上企业多级传递，实现核心企业信用传递。

3.3 区块链金融风险管理

尽管前文介绍了区块链金融的诸多优势，但是其也存在不少风险，如何进行区块链金融风险管理自然成为我们关注的问题。

3.3.1 区块链金融风险

1. 区块链金融系统性风险

区块链金融系统性风险主要包括：区块链金融技术选择风险（FT-SA）、系统性区块链金融安全风险（SBFSR）和区块链金融技术支持风险（BFTSR）。系统性区块链金融安全风险（SBFSR）是指由于网络传输故障、不良的网络攻击和计算机病毒而导致互联网计算机系统崩溃的技术风险。具体表现在以下三个不同的方面：（1）TCP/IP 协议安全带来财务风险，（2）因信息密码技术和密钥管理系统不完善带来的财务风险，（3）分布式病毒传播带来财务风险。

在区块链模型下，互联网金融的交易数据都被密封在计算机块中，并且信息都是通过互联网传输。由于互联网其本身所具有的开放性和共享性，在加密技术（APT）和密钥管理（SKM）并不是很完善的情况下，黑客很容易利用客户端用病毒程序将数据传输到服务器，从而危害区块链金融的发展。然而 TCP/IP 在数据传输过程中更注重信息通信的流畅性，而对数据传输的安全性关注较少。在这种情况下，数据在传输过程中容易被截取和偷看，从而造成区块链交易主体的资金损失。通过网络植入的计算机病毒可以迅速传播和蔓延，一旦感染，整个区块链金融交易网络都会受到病毒无孔不入的威胁，这是一种典型而又系统的金融技术风险。

区块链财务技术的选择风险是指在选择区块链技术解决财务问题时，由于操作失误或设计缺陷而产生的风险。究其原因，可能是网络投融资相关技术的落后，也可能是金融信息传递效率低下。如果互联网金融机构的技术创新无法适应时代的快速发展，或者选定的技术解决方案被淘汰，那么网络就会过时，技术就会停滞不前，导致互联网金融机构或客户错失交易机会。金融技术的错误选择只会增加传统金融服务的处理成本，而对于区块链金融来说，它会影响客户以及相关交易机构的效率，从而最终导致区块链互联网金融机构生存基础的丧失。

区块链金融技术支持风险指的是互联网金融机构为降低经营成本而采用外部的技术解决内部管理问题所带来的区块链风险。这种风险可能导致投融资信息失去完整性和真实性或金融服务器暂停运行，也可能导致区块链服务器的金融数据的搜索功能出现障碍，造成客户资金的技术边际损失。区块链财务技术支持风险还包括使用国外技术设备的相关资料流失风险。例如，由于国内缺乏具有自主知识产权的区块链设备，大部分计算机核心部件需要从外面的发达国家进口，这就给我国互联网区块链金融安全（IBFS）带来了技术支持风险。

2. 区块链金融业务性风险和交易风险

区块链金融业务性风险和交易风险主要包括区块链金融运营风险、

区块链金融市场选择风险和区块链金融声誉风险。

区块链金融运营风险是指由于交易主体的经营失误而导致的金融区块链风险，其中包括了支付结算终端的经营风险和因为交易主体对互联网区块链金融业务的经营需求了解不足而导致的资金流动性风险，以及区块链财务风险管理系统、账户授权系统、客户沟通信息系统设计缺陷从而导致的运营风险。

区块链金融市场的选择风险是指客户因信息不对称而面临的道德风险和逆向选择业务风险，包括使互联网区块链金融市场成为"柠檬市场"的风险。互联网的虚拟性增加了这些交易相关信息的不对称，导致交易者在选择过程中处于劣势。区块链的这种选择性风险可能会使区块链金融机构以低价格、低服务质量被客户接受，而优质的区块链金融机构则被挤出市场。

区块链金融声誉风险是指互联网金融机构无法与客户建立良好的关系，以至于无法有序开展金融区块链业务的风险。互联网金融依赖于信息技术，滞后的互联网技术将不可避免地导致客户的预期需求不能实现，金融机构的信誉将受到影响，于是面临资金链断裂和客户流失等问题。

3. 区块链金融法律监管风险

（1）筹资过程中的法律牵连风险。首先是区块链的众包融资的风险。目前，我国还没有为众包模式创造良好的金融环境。区块链众包平台主要通过严格的审计环节，从而降低众包风险，防范欺诈，保护投资者利益。虽然我国法律明确规定，任何单位和个人不得私自发行股票、债券等证券，也不得向投资者承诺任何形式的回报，包括货币和实物，但仍存在着以区块链方式进行非法集资的现象。虽然严格的法律准入机制已将大部分非法"网络众包"变为了天使投资，但是仍然有个别众包平台通过区块链金融模式从社会的不合规对象手中筹集资金。其次是基于区块链的 P2P 网络贷款风险。2015 年 9 月 1 日施行的《最高人民法院关于审理民间借贷案件适用法律若干问题的规定》

（以下简称规定）根据历史习惯、法律审判规制经验、市场交易成本、经济发展改革等因素规定了24%的利率限制，借贷双方约定的利率未超过年利率24%，出借人请求借款人按照约定的利率支付利息的，人民法院应予支持；借贷双方约定的利率超过年利率36%，超过部分的利息约定无效。然而，现实中仍存在着利用区块链金融平台进行非法网络诈骗和高利贷融资的现象，更有甚者一些区块链P2P在线贷款模式还在制造当下流行的"网络金字塔销售"陷阱。最后是区块链电子商务的小额贷款风险。电子商务小额信贷规模不大，但在信息不对称的情况下，"雪球"型高息金融模式可能导致"循环贷款"和"还贷"风险。

（2）基金理财准备金账户监管风险。尽管中国证券监督管理委员会（证监会）颁布了新的规定，允许区块链电子商务平台在证监会备案后出售基金，但从事基金销售和支付的第三方机构必须向证监会登记或备案。从目前的实际情况看，互联网基金融资仍存在一些不规范现象，如夸大投资回报、口头上或在书面上对消费者进行误导等。例如，天弘基金在支付宝中的开户余额，必须由中国人民银行统一监管并将其作为存款支付，支付宝在专户管理中还应开立账户以进行临时存储和转账操作，在支付宝的申购和赎回中，余额宝应该在两个账户之间进行资金流动，虽然这些规定都是有效的，但仍然没有相关的监管措施，所以当前所有的准备金支付和结算账户的任何监管措施，都只是口头的，这必然导致监管金融区块链交易的风险。

（3）基于区块链的用户认证和货币支付风险监控。主要表现在三个方面：

一是基于区块链技术的反洗钱的监管风险。中央银行《支付机构反洗钱和反恐怖融资管理办法》中虽然明确规定了互联网金融机构在反洗钱和反恐怖融资方面需要担当的职责和义务，并指出互联网区块链金融平台应做好客户识别和登记工作，如有可能，还需记录客户的每一笔交易并及时报告可疑记录，密切监控。然而，在真正的区块链金融业务中，存在着变相洗钱和"隐性恐怖融资"的可能。例如，在跨国企业发票跨境资本转让的情况下，利用"一带一路"政策收受贿赂。除此之外还有"匿名储蓄基金""变相移民转移秘密资金"等问题。这些"隐性洗钱"和"黑市上的货币交易"具有"灰色金融"的基本特征，可能导致"区块链金融产生系统危机"，必须引起相关方的高度重视。

二是互联网区块链及其相关的支付认证的风险。虽然当时的中国银监会明确规定所有进入第三方支付系统的客户在进行首次交易前（平台上的交易），必须在银行网点确认身份或通过其他有效方式证明其准确性，但截止到目前尚未得到所有第三方支付平台的完全认可。实际上，区块链金融支付机构往往根据用户体验，拒绝在第一笔交易中执行与银行签订合同的要求。这必然导致区块链财务交付的"认证违规风险"。

三是区块网络现金流风险。虽然中国人民银行和当时的中国银监会已联合发布声明，规定第三方线上支付机构不能为持卡人套汇现金，并强调如果发生非法套汇，客户的支付账户将立即关闭，包括禁止使用该账户进行网购（Online Shopping）或开设网上商店，禁止该账户再次私人开设基金融资账户等。但在现实中，由于区块链金融经营者与"社会热钱"的非法串通，仍存在国有金融资产转移信息泄露和高现金套利的风险。

3.3.2 解决方案

1. 大力发展具有自主知识产权的中央微处理系统

由于中国尚无法生产完全具有自主知识产权的部分 CPU，所以导致每年将花费数万亿元购买东芝、松下、微软数据、三星和德国法兰克福数据公司的 CPU。在核心数据处理技术被高新外部技术"绑定"的情况下，我国通过计算机终端干预的所有数据都很容易被 CPU 后台监控程序"捕获"。此时，金融数据安全、国防安全和高科技安全将受到一定程度的影响。在此基础上，中国必须大力发展具有自主核心竞争力的中央微处理系统，这是第一个避免区块链金融安全威胁的措施。

2. 严防数据漏洞

包括与各种身份信息、密码信息、军事信息、私人信息、搜索引擎信息、交易记录以及情感信息相关的内容，在微信、微博、腾讯、支付宝、余额宝等介入窗口，都有可能被无意识强制共享。例如，以美国华尔街金融"抄袭者"从金融微博中获取"数据财富"，从而获取股票投资者的情感信息以及从股票市场投资中获益为例，就已经说明了区块链金融系统的安全性是迫在眉睫的需要解决的问题。此外，任何依赖第三方支付平台的交易都有数据泄露的可能。例如，互联网搜索引擎引发的电话号码交易盈利案件、基于个人金融信息泄露所引发的敲诈案件、基于互联网聊天平台的金字塔金融诈骗案件、基于个人隐私信息泄露的金融犯罪案件等。因此，我国必须在外国的"千兆"数据加密技术的基础上，将密钥管理的三级加密技术升级为"S"形循环渐进加密，将各级各类数据信息进行"定位"与"链"整合。坚持使用核心区块链金融服务器，对各级各类金融区块链进行备份程序管理和"非线性"加密，对试图通过"伪身份"进行授权和登录的用户名进行实时的记录和监控。

3. 完善区块链风险管理体系

这个体系的建设应包括加强内部控制，以及加快信用信息系统（CIS）建设。在内部控制方面，要从金融行业内部规章制度和组织入手，制定完备的金融区块链操作规章制度，构建健全的风险防范体系，培育区块链金融人才队伍并且从电子商务（EB）身份认证体系（IDS）、时间戳管理、个人和企业信用评价体系等方面强化社会信用体系建设。在这个大背景下，建立风险防告、风险监管、风险分析"三位一体"的区块链风险管理体系（RMS）。

4. 加强区块链金融法制建设

当前，我国区块链监管法律严重滞后于区块链技术的发展和应用，因此从现实状况考虑应当从以下方面入手：针对区块链金融市场问题先出台解决问题的政策，弥补法律空白，在现有的金融监管法律基础之上，进行合理修订，以适用于区块链技术发展；同时，在制定法律政策时，需要采取开放性制定原则，在保证金融市场稳定的情况下，为区块链技术提供宽松的发展环境。

5. 完善区块链金融监管体系

采用协同监管理念，充分发挥社会其他主体的监管职能，共同推动区块链金融监管体系建设。监管资源理论表明，社会中存在大量闲散的监管资源，并且不同监管主体的监管能力和方向有所差别，因此创建多元监管主体将提升监管体系的维度和完善性，有利于提高对区块链这类创新型技术的监管效率。在互联网技术的协助下，金融机构、金融科技企业以及社会公众都可以充当监管主体，通过自监管、联合监管等方式创新监管模式，共同打造以政府部门为主，其他监管主体为辅的多元化协同监管模式。同时，考虑到政府部门的区块链技术约束性及监管体系的长效机制问题，建议政府部门将涉及技术性的监管问题外包给第三方技术企业，以提升监管效率。

第4章 智慧金融与区域经济发展

4.1 智慧金融发展现状

随着人工智能技术的日趋成熟，以"人工智能＋金融"为核心的智慧金融也踏上了发展的快车道。传统金融行业依赖人工对数据进行提取分析以期获取市场动向以及企业发展策略的模式，在应对由大数据积淀出的海量数据时已经落后于时代的步伐。而研究、开发用于模拟、延伸和扩展人的智能的理论、方法、技术以及应用系统的人工智能在此时应运而生。人工智能通过计算机技术延展人的智能，实现对数据的深度分析，除此之外人工智能还可以代替大堂经理和客服人员为顾客提供咨询服务，在节省金融行业人工成本的同时，提升金融行业的工作效率。2017年，由谷歌公司研发推出的升级版阿尔法狗击败了世界排名第一的围棋选手柯洁，将人工智能热潮推向了高潮。也正是在这个时间点，"人工智能＋金融"为核心的智慧金融技术迎来了发展的黄金窗口期。目前智慧金融的应用主要集中于以下三个方面。

4.1.1 更加全面精准地为客户提供咨询服务

人工智能作为对人的智慧进行延伸的计算机系统，通过对自然语言的学习以及智能数据库的支持，可以比人工服务更加全面并且精准地为客户提供咨询服务。金融作为传统服务性行业，拥有队伍规模庞大的人工客服以及柜员等基础服务性岗位人员，作为维系客户关系的纽带系统，不能直接创收的同时却为企业带来沉重的负担。举例说明，仅招商银行的信用卡客服中心除了呼叫中心以外的在线客服交互量就达到了两百万次，一年需要支付上亿元的人工成本。通过智慧金融服务的提供，仅此一项就可为招行节省下数量可观的费用，并且为客户提供了更加精准的服务。基于智慧金融技术，中国建设银行于2018年在上海创建了全国第一家无人银行，这对整个金融行业来说都产生了巨大的震动，智慧金融对金融行业的发展正扮演着越来越重要的角色。

4.1.2 为金融机构提供成本可控且数据完整的风险控制系统

风控部门作为金融行业最重要的部门之一，传统的风控主要由银行的风控人员基于对过往信息的分析以及自身所积累的经验进行判断，但是基于个人观点的局限性，以及团队知识的有限性和人力资源的有限性，大多数金融机构并不能建立起一套完整的风控体系为自己的经营提供充分的后台保障，这直接导致了近些年来频发的P2P"暴雷"事件，不仅严重损害了广大消费者的利益，也给我国金融系统带来了潜在的不稳定性。而以智慧金融为基础的风控系统，基于随时代不断更新的数据库系统，以及海量的数据分析，在可控成本下可以为每一个金融机构提供完整的金融风控措施，并且为金融机构节省下成本，直接解决了我国金融风控人才供不应求的问题。除此之外，随着互联网以及电商的发展，基于大数据系统可以获取更多的用户信息，在此基础上，基于人工智能技术可以为更多的小微企业以及个人用户提供个人画像，便于金融机构去作出更利于自身稳定发展的决定。目前该领域的主要业务模式分为To B和To C两类。其中To B是指为B端客户，主要是中小银行、小额贷款公司和消费信贷公司提供目标对象的信用评分，根据出具的信用评分的数量收取费用。如国内领先的第三方智能风控服务商同盾科技，目前已经向超过 7000 家机构提供智能风控管理服务，客户覆盖银行、保险、券商、理财、电商、游戏、社交网络等领域，形成了数据的生态体系；To C 业务是直接基于对目标对象的信用评分为客户提供消费贷款和小额贷款，获取利息及服务费收入。对于拥有独特的信息收集维度，拥有先进算法能够对大数据处理，而且已经获得 B 端客户认可的智能投顾企业，具有较高的投资价值。

4.1.3 智能投顾将成为未来市场投资顾问的主力

投资顾问作为专业的市场投资者主要针对高净值客户进行咨询服务工作，有着明显的传统金融服务的制约性，服务过程中头部效应明显。而智能投顾的出现有效弥补了市场这一缺陷，智能投顾在为更广大的客户群提供咨询服务的同时，能够更加客观、全面的分析当下数据情况并做出合理的投资抉择以及判断盈亏平衡点。目前我国智能投顾市场尚处于发展的早期阶段，由于我国一些特有的市场情况导致我国智能投顾能够发挥的作用相对有限，在智能投顾的企业中需要重点关注未经注册并取得相应业务牌照，而违规进行公募基金募集销售活动的行为。证监会新闻发言人张晓军曾明确表示，发现互联网平台未经注册，以智能投顾名义擅自开展证券投资基金销售活动的，将会依法查处。对于投资类的企业，其核心的能力是在我国特定的金融环境下，获得持续稳定收益的能力。智能投顾平台需要具有强大的投资能力和资产配置能力。智能投顾必将成为未来市场投资顾问的主力，并将大大改变现有的资产管理产业格局。

总的来看，人工智能在我国仍在发展，但热度已经逐渐下降，关于人工智能类文献发布数量由 2018 年的 33590 篇，下降至 2019 年的 21732 篇。从国家政策发布的层面，2015 年国务院印发《中国制造 2025》揭开了政策发布的序曲，紧接着又发布了《国务院关于积极推进"互联网+"行动的指导意见》，2016 年，从 3 月发布《国民经济和社会发展第十三个五年规划纲要（草案）》开始，当年高频率发布了 7 个关于人工智能产业发展的国家层面政策，2017 年，人工智能出现在 3 月的《政府工作报告》之中，全年国家层面政策发布量下降为 4 个，热度有所下降，但仍为高频热点问题。在初期狂热过后，作为国家发展战略计划核心地位的人工智能产业，在后续的发展过程中，能否实现对发达国家的赶超，占据世界科技创新的制高点，助力于中国地区经济的发展以及进一步带动亚太地区区域经济的发展，仍然值得深入研究和探索。

4.2 智慧金融对区域经济发展的影响

4.2.1 智慧金融助力民营企业解决融资难题

在筛选金融领域的投资标的时，可以借助人工智能技术，从技术、数据来源、应用场景以及企业现状等角度进行综合判断。民营经济为我国经济发展注入了活力，作为区域经济发展的重要引擎，大量民营企业因为融资难而无法实现跨越式发展，融资问题作为民营企业的掣肘正在阻碍着我国经济实力的进一步提升。从国家层面来看，我国一方面提出了降税为民营企业注入活力，同时对银行提出"一二五目标"，即在新增的公司类贷款中，大型银行对民营企业的贷款不低于 1/3，中小型银行不低于 2/3，争取三年后，银行业对民营企业的贷款占新增公司类贷款的比例不低于一半。国家层面的顶层框架对民营企业生存以及区域经济协调发展至关重要。但是，这些政策并不能从根本上解决银行业不敢放款于民营企业的核心问题，即风险问题。银行业作为风险厌恶者，出于对银行运营的稳定性以及坏账率的控制，银行业通常更倾向于将自己的资金注入国资背景企业，以获得稳定的收益，而不太重视资金放出后会不会对区域经济产生正向促进作用。而随着智慧金融的迅速发展，这一问题正在得到逐渐解决。以蚂蚁金服为代表的新生代互联网金融机构，依托人工智能等新兴技术，聚焦于传统金融机构服务所不能涉及的长尾客户，通过基于人工智能的客户画像，因人而异对个体提供针对性服务，让更广大的群众可以享受到金融服务，推动了我国金融业发展的同时也实现了企业自身的壮大。同理，与个人得到的金融服务相比，民营企业的金融服务需要更加深度的数据分析，为其提供金融服务也承担着更大的风险，而这些问题在人工智能的助力下可以得到妥善解决。随着大数据技术正在逐渐渗透进入各行各业，越来越多的信息得以收集以支持人工智能分析。这样有助于得到相关企业的精准画像，并借力于人工智能服务客观、全面分析现状，解决困扰金融机构的核心问题——风险控制，从而有效降低金融机构所面临的风险。当资金在经济系统内流动起来，资源得到更合理配置的情况下，市场的活力自然被激发出来。企业有了资金，市场有了活力，经济自然也会被推动起来，达到人工智能对区域经济的正向助力。

4.2.2　智慧金融为区域经济实现跨越式发展创造机遇

处于萌芽阶段的智慧金融产业给区域经济发展带来了新转机，如贵州建立云上贵州，通过深耕于大数据产业，紧抓行业风口，培养国家级大数据产业聚集区。同样，智慧金融作为当下的新技术、新热点，以智慧金融技术作为平台支撑点建立起智慧金融产业集群，助力于智慧金融发展的同时成为区域经济发展的助推器。近年来，贵州省经济蓬勃发展，其中尤其具有代表性的就是贵州省大数据产业的迅速发展，大数据作为近年来的新兴科技，在各领域扮演着越来越重要的作用，贵州精准依托于恒温恒湿的地理环境以及充足的电力，聚力发展大数据产业。2018年中国国际大数据产业博览会落地贵阳的同时，苹果也将亚洲最大的数据中心于贵州贵安新区开建。除此之外，马蜂窝、腾讯、阿里云等企业也纷纷在贵州落地或计划投产自己的数据中心。依托于大数据产业的发展，贵州正在成为我国经济快速发展的省份之一，一改往日人们印象中落后贫穷的形象。而目前，智慧金融企业主要集中于北京、上海、广州等地，企业集群尚未形成，规模效应不突出，通过对标贵州大数据发展模式，区域经济依托于建立智慧金融产业平台，既能加速我国智慧金融产业发展进度，又可以助力于地方经济的腾飞。我国人工智能的进步离不开各省份对人工智能产业发展的重视与支持。在省份一级政策发布中，共有 26 个政策，分布于 16 个省份，其中北京、上海、天津、浙江、安徽、吉林、贵州、辽宁这 8 个省份均发布了 2 个政策。而地级市（直辖市的区）这一级别共发布了 15 个政策，政策分布于 12 个地级市以及 3 个直辖市的区。在产业园区这一级别共发布了 6 个政策，虽然数量不多，但发布的政策都很有针对性。其中江苏政策支持力度排名第一，上海、北京、浙江、辽宁紧随其后。江苏省的苏州工业园区设立百亿级资金支持人工智能发展与其政策文本配套，助力江苏省人工智能产业腾飞。

4.2.3 智慧金融为平衡区域经济发展提供新路径

智慧金融服务多以虚拟化为主，运营成本低，不受时间、空间的限制，智慧金融助力于打造一个平等的平台，缩减区域间由于资源、经济等发展不平衡而造成的鸿沟，助力于落后地区获得同等发展机遇，推动区域间经济协同发展。相较于北京、上海、广州等超一线城市所拥有的发展智慧金融相关资源，安徽、贵州、江西以及东三省等省份所拥有资源相对较为匮乏，但借力于人工智能发展风口，各省份相继出台了一系列以人工智能产业为基础促进地方经济发展的政策。

吉林省：2018 年 1 月，吉林省人民政府发布《关于落实新一代人工智能发展规划的实施意见》，指出到 2020 年人工智能核心产业规模达到50亿元，带动相关产业规模达到400亿元。到2025年人工智能核心产业规模达到200亿元以上，带动相关产业规模达到2000亿元。到2030年形成科技创新体系和产业发展体系，人工智能科技、经济、社会发展高度融合。

贵州省：2017年10月，《智能贵州发展规划（2017—2020年）》发布。规划主要提出以下三个目标：首先，初步建立起贵州大数据产业发展框架；其次，形成一条由覆盖大数据产业上下游的完整产业链条；最后，争创全国大数据产业发展与应用示范区目标。

其余各省份相应政策汇总在表4-1中。人工智能技术，以及伴随其而产生的智慧金融产业，给前期并不在同一起跑线的各省市提供了一个全新的舞台去展示自己，各省份也纷纷以此为依托推出基于各省份不同基础的相应政策计划。在人工智能产业上升为国家政策层面的背景下，智慧金融服务迅速发展，为各省份发展助力。

表4-1　　　　　各省份人工智能发展政策汇总

省/直辖市	出台政策
江西省	2017年10月，江西省人民政府办公厅印发《关于加快推进人工智能和智能制造发展若干措施》
广东省	2018年7月，广东省人民政府印发《广东省新一代人工智能发展规划》
福建省	2018年3月，福建省人民政府出台《关于推动新一代人工智能加快发展的实施意见》
四川省	2018年9月，四川省人民政府印发《四川省新一代人工智能发展实施方案》
黑龙江省	2018年2月，黑龙江省人民政府办公厅印发《黑龙江省人工智能产业三年专项行动计划（2018-2020年）》
辽宁省	2018年1月，《辽宁省新一代人工智能发展规划》
湖北省	2017年11月，颁布《东湖高新区人工智能发展规划》
广西壮族自治区	2018年4月，广西壮族自治区出台《关于贯彻落实新一代人工智能发展规划的实施意见》

续表

省/直辖市	出台政策
重庆市	2017年12月，重庆市启动"人工智能重大主题专项"，未来3年拟实施三个"十百千"计划
河北省	2018年3月，河北省人民政府印发《河北省科技创新三年行动计划（2018—2020年）》

资料来源：作者根据公开资料整理得来。

4.2.4 智慧金融助力于普惠金融发展

区域经济发展的不平衡与不协调很大程度上由于各区域间经济发展水平不同以及地理位置、资源禀赋、风俗习惯、受教育水平等多种因素的区别，使各地区间资源开发程度不同，除了集中于头部资源开发以外，针对尾部资源各地区开发程度各异，尤其明显的特征是经济落后区域尾部经济开发滞后。而借助于智慧金融的力量，长尾效应凸显，主要针对尾部客户的开发力度，将极大释放区域经济发展活力，刺激区域经济实现跨越式发展。沉寂多年的中国邮政储蓄银行于近年来持续加大科技投入，以科技立行，大刀阔斧搞改革，厚积薄发，业绩实现了持续增长。相较于其他国有大行，中国邮政储蓄银行拥有近4万个网点和5.87亿人次客户，不同于其他国有大行依托于高素质客户群，中国邮政储蓄银行所面临的尾部效应明显，客户受教育程度不足导致积蓄的巨量潜力没能得到释放。随着科技立行理念的贯彻执行，利用人工智能等新技术对客户进行更完整的客户画像以及更具有针对性的金融服务，使得中国邮政储蓄银行一改在人们心中负担沉重、步伐缓慢的印象，在新时代焕发出新活力。与中国邮政储蓄银行面临的情况相似，相较于汇集了大量高素质人群的北上广深城市群，东三省、甘肃、新疆等偏远地区经济发展活力不足，整体金融发展水平较为落后，金融作为助力地方实体经济发展的发动机，借助智慧金融服务近年来的迅速发展，为客户提供更为便捷也更具有针对性的金融服务，提升地区整体经济金融发展程度，让更多的人参与进去，积少成多，可以为地方经济发展形成一股新生资金流，注入新活力。智慧金融在支持地方实体经济实现跨越式发展的同时，也为更多的金融参与者提供相较于以前更高的收益率，进而推动地方经济整体的进步与发展。

4.2.5 智慧金融助力于我国金融科技对发达国家弯道超车

智慧金融助力于我国金融科技发展，提升效率，降低成本，拉动亚太区域整体金融水平的提升，甚至借助智慧金融发展实现弯道超车，完成对发达国家金融业的赶超。金融业作为现代国力竞争的重要一环，增强金融业实力掌握核心技术，对于我国整体发展具有重要意义。在2019年世界智能大会上，《中国新一代人工智能科技产业发展报告（2019）》和《中国新一代人工智能科技产业区域竞争力评价指数（2019）》两份报告发布。报告显示，截至2019年2月28日，中国有745家人工智能企业，约占全球总数21.67%，排名第二。2020年，我国共有2205家人工智能企业，然而大多数企业规模较小，部分大规模企业较为突出。我国尽管拥有众多的人工智能企业，但是分散于北京、广东、上海、浙江等省份，多为中小型企业，缺乏龙头企业的带动以及规模效应的激发。另外，我国人工智能规模仍较世界先进水平处于落后地位，投入严重不足。据了解，中国的金融科技市场规模截至2018年规模仅达到了300亿元，为美国的13%，随着中美贸易战的进一步升级以及美国在世界范围内对中国的排挤，对正处于力争攀登世界创新高峰的我们来说，加大对人工智能投资力度刻不容缓。目前超七成金融机构招聘人才困难，金融科技人才总缺口达到了150万，尽管以中国建设银行为代表的银行业纷纷选择拥抱金融科技走向转型之路，但是中国银行业对金融科技创新的投资仅占总利润的1%～3%。人工智能产业目前已经升级为国家层面战略，连续出现于政府工作报告之中，足见我国政府对人工智能产业的重视程度。并且随着我国各省份相继出台人工智能产业办法，技术发展未来可期，而依托于人工智能的智慧金融产业也势必走向新的高度，助力于我国金融实力的提升、抗风险能力的增强和国际地位的提高。

4.2.6 智慧金融催生出金融服务一体化平台

智慧金融的发展催生出了金融服务一体化平台，打破机构间壁垒，在金融机构与实体企业互利共赢的同时推动区域经济的发展。通过人工智能技术集合提供金融服务的平台，通过"市场效应"，形成产业集聚所带来的竞争力优势，以达到为企业以及个人提供更优质金融服务的目的，推动区域经济的发展。借助人工智能技术对大数据进行深度学习与分析，从更深层次发掘数据价值，使得科技金融服务平台模式得到普及，从而在金融服务实体经济推动区域经济发展的同时取得规模效应和经济价值。金融服务平台依靠智慧金融，主要从以下三个方面推动区域经济的发展。

一是发挥投资引导作用，促进投资阶段的前移。与金融服务平台合作的各类金融机构和投资服务机构一般会优先选择平台推荐、支持或者资助过的企业。还有些平台通过政府担保的形式为企业背书，比如泰州市产融综合金融服务平台的特色产品"泰信保"，泰州市人民政府首期出资1亿元信用担保基金，引导银行低成本资金投向实体经济，缓解中小微企业融资难题。激发中小企业市场活力，带动区域经济欣欣向荣。

二是发挥沟通交流作用。金融服务平台通过自身对各种资源的聚集效应，拓展信息渠道，通过举办各类科技与金融对接活动，促进政府、金融机构、中介机构与中小企业的信息交流。比如，深圳金服2018年全年共在深圳的10个区、55个街道举办了超过100场企业活动，截至2018年年底，共服务中小微企业超过18800家。

三是促进产融合作。金融服务平台的搭建，有利于金融机构之间、企业和金融机构之间互动合作，通过打破信息壁垒，促进金融产品和合作模式的创新优化，为企业提供更全面、综合、个性化的金融服务。通过合作共赢的方式，在降低了同行业不正当竞争所带来风险的同时，取长补短集各方之力促进区域经济实现发展。目前，我国金融机构间仍存在同行业间刚兑的惯性思维，大量同业负债在金融机构间流通，本该注入实体经济的血液在金融机构之间空转，给我国金融环境的稳定以及实体经济的发展带来了巨大隐患。2019年5月，银保监会针对包商银行的接管计划即致力于打破同行业间刚兑的神话，让金融机构更好地服务于实体经济，防范化解重大金融风险。而随着智慧金融机构催生金融服务平台的出现，各金融机构间合作共赢，也在一定程度上有利于解决同行业借款大量存在的问题，促使区域经济更健康发展。目前在我国具有代表性的金融服务平台主要有深圳市创业创新金融服务平台和苏州综合金融服务平台。

其中，深圳市创业创新金融服务平台由深圳市地方金融监督管理局联合市发展改革委、市工业和信息化局、市科技创新委、市财政局、税务部门及中国人民银行深圳市中心支行等多个政府部门和中央驻深金融监管机构共同搭建，于2017年1月1日正式上线试运营，致力于通过政府引导，优化全市金融资源的合理配置，为全市高新企业提供丰富的金融产品和一体化的"互联网＋投融资"服务。该平台立足从供给侧引导金融资源支持实体经济发展，致力于建立企业投融资一条龙体系，着重解决缺少从传统渠道获取贷款的高新技术企业融资问题，促进经济结构转型升级。

而苏州作为我国人工智能发展的排头兵，2015年9月，《苏州市金融支持企业自主创新行动计划（2015－2020）》正式出台，苏州市地方金融监管局牵头构建和完善服务企业融资发展的"综合金融服务体系"。围绕"一个中心"（金融服务实体经济创新发展）、推动"两项创新"（金融机构创新设立支持中心专注服务中小微企业、征信体系建设创新破解银企信息不对称难题)、打造"三大体系"(混合金融服务体系、股权质押服务体系、地方企业征信体系)、落实"四项政策",引导金融资源服务实体企业创新发展,形成具有苏州特色的综合金融服务体系。苏州综合金融服务平台于2015年12月正式上线运营,从吸引1家企业注册,到1万余家企业入驻;融资从0到1000亿元,再到2000亿元;苏州综合金融服务平台始终坚持帮助金融机构与企业多走网路、少走马路;企业通过平台在线发布融资需求,金融机构在线受理企业融资申请,依靠市场配置,双向选择、自主对接。截至2021年,平台企业累计40810户,对接金融机构14家,累计解决了8052户的融资需求,提供了1815.28亿元贷款。

依托于智慧金融服务催生而出的金融服务平台体系,打破了金融机构之间的隔阂,以金融机构之间的联合为政府和企业的对接提供了更强大的支持,以智慧金融作为核心技术解决各方之间最为关键的信任与风险问题,促进服务质量提升和服务成本降低,推动区域经济迅速发展。

4.2.7 完善的法律体系保证智慧金融精准助力区域经济发展

完善智慧金融发展法律体系,能保障智慧金融稳健持续发展,更好促进区域经济健康发展。智慧金融所具有的显著特征有技术迭代的迅速性,智慧金融服务创新者不具备与传统金融机构的差异性。面对这些问题,智慧金融对区域经济发展犹如一把双刃剑,智慧金融服务若要更好地促进区域经济的发展,需要更加完善的法律体系提供支撑。

首先,由于智慧金融发展的特殊性,在大多数情况下,单一的金融部门并不能直接解决智慧金融所带来的问题,同时部门间缺乏协调性导致部分图谋不轨的人,利用机构监管的漏洞,在金融监管机构的灰色地带从事交易。在解决智慧金融带来的问题过程中,跨部门沟通所产生的效率损失以及监管成本的增加,也成为当下金融科技发展所面临的重要问题。智慧金融的发展进程中，不仅存在着跨部门间协调与沟通的问题，在全球一体化发展的今天，跨国间合作监管同样在智慧金融发展进程中不可缺少。随着金融与人工智能的进一步融合，业务层面的跨界具有不可避免性，及早重视智慧金融发展过程中无障碍跨界监管的发展进程，以及国际间合作监管的发展速度，共同保障智慧金融在不失其创新性的同时，更好地为区域经济发展进程做出贡献。

其次，由政策制定以及出台的谨慎性造成的政策滞后性，在针对智慧金融监管方面显得更加明显。原有的被动式、响应式监管在动态化、创新化的金融科技时代已经不适应发展需求。智慧金融的核心是数据化和智能化，在以此为基础展开高速的更新与迭代，实现技术创新与效率提升。传统金融监管模式，以监管人为核心，通过对监管指标的分析，最终着眼于金融从业人员是否合规操作，金融机构是否合规经营而造成金融风险的产生。大数据、云计算以及人工智能的广泛运用，在很大程度上替代了人在金融系统中所产生的作用。当下，智能投顾等新技术已经越来越多地进入每一个投资者的世界中，对他们自身的交易想法产生着或多或少的影响。针对当下数据化、智能化的新兴交易模式以及市场参与主体的逐渐变更，需要切实更新当下监管模式，重新设定出未来针对机器和智能的监管制度、监管规则和监管方式。合适的监管模式以及法律约束对于新兴行业的长远稳定发展无疑是具有正向促进作用的，正所谓没有规矩不成方圆，完善的法律监管体系是智慧金融行业成长的卫士，也是智慧金融行业促进区域经济发展的保障。

4.2.8 智慧金融助力于实现区域经济由高速发展向高质量发展的转化

目前我国经济面临下行压力，经济增速放缓，经济增长正在经历由高速发展向高质量发展转型的阵痛期，相较于以前依托于卖地拉升地方 GDP 的泡沫经济增长模式，实现地方经济高质量发展成为地方所需要思考的首要问题。而智慧金融技术的应运而生将从金融服务的层面，以更低的成本、更便捷的模式促进地方经济实现高质量跨越式发展。

以高度重视人工智能产业的江苏省为例，2018 年 8 月 6 日，江苏省首个产业金融智库——江苏紫金产业金融发展研究院成立仪式正式举办，致力于推进昆山产业金融高质量发展。该金融智库的成立旨在建立覆盖全产业生命周期的智慧金融服务体系来支撑起一流创新型特色园区建设，通过产业和智慧金融的融合发展，助推经济转型升级，打造江苏产业金融新高地。立足昆山，服务江苏，推动金融改革创新合作先行先试，促进区域经济高质量转型发展。亚洲金融合作协会秘书长杨再平表示，金融之于企业家，犹如激光产生原理中的"光子"之于"高能原子"，前者激发后者，使后者辐射光子，从而产生"激光效果"。因此，产业金融要聚焦企业家，支持善于、专于产业创新的企业家，实现"创新效果"。通过智慧金融的不断发展结合地方产业发展，实现地方经济高质量飞跃发展，由江苏开启了此轮转型的大幕。

4.2.9 智慧金融促进农村金融转型升级推动区域经济发展

智慧金融可以有效提升农村金融服务的质量与效率，是农村金融产业升级的主流趋势。智慧金融是基于大数据、云计算等新型信息技术而发展起来的金融产品与服务，能同时为用户提供金融、征信、市场资讯、财务结算等全方位、一体化的金融服务，是目前互联网金融发展的重要趋势，对提升金融服务效率与质量具有至关重要的作用。大力推广智慧金融服务，也已经成为促进乡村金融发展的必然选择。随着乡村振兴战略的全面推进，产业发展面临着全新的机遇和挑战。为此，必须着手改善农村金融服务的内外部环境，引导金融服务创新升级。

一是要进一步加强网络金融基础设施建设，夯实智慧金融发展基础。要提升乡村地区网络普及率，改善乡村网络生态环境，完善自动柜员机、银联支付等硬件终端布局。二是要全面推进绿色金融服务，改善企业融资环境。引导产业实现绿色升级是乡村振兴的重要趋势。为此，可以将生态环保落实到金融政策之中，推动绿色金融发展。例如，金融机构在涉农信贷发放时可根据企业生产生态政策落实情况，调整信贷资金的规模与利率，在引导企业绿色转型的同时培育新型绿色金融服务。三是要将农村金融服务与扶贫工作全面结合起来，大力推广金融扶贫。例如，地方政府可以依托农产品电子商务等精准扶贫项目改善农村金融微观环境，实现农村金融与扶贫工作的深度融合发展。另外，还应持续加大金融扶贫资源供给力度，提升农村居民接受农村金融服务的积极性。借智慧金融发展东风，促进乡村振兴战略的落实，提升农村金融的服务水平，促进区域经济发展。

4.3　智慧金融促进经济发展的内在机理

4.3.1　智慧金融的低成本带来的区域经济发展红利

智慧金融技术的发展主要依托于人工智能技术，通过自动化数字化的系统代替部分人工的操作过程，系统化操作在降低人工成本的同时也提高了操作的精准性。以银行系统为例，在人工智能技术不断进步的情况下，银行传统的线下"获客"渠道有效地转移到线上进行"获客"，以人工智能技术结合征信系统对数据进行更全面的分析从而有针对性地简化贷款、财务管理、投资管理等手续，以低费用、低成本为更多地小微客户带去更便捷的服务。智慧金融显著降低银行的运营成本并提高了银行对风险的可控性，使得银行系统内的资金更多地流入实体经济之中，带动区域经济的蓬勃发展。除此之外，基于人工智能技术开发出的虚拟网点以5G技术作支撑，配合VR的面对面、场景化应用，创造出新的金融服务模式。在保障基础服务体验的基础上，进一步减少网点数量的同时提升网点服务质量。该技术有利于银行吸引高质量客户资源，给客户带去更好的服务体验，从而增强其选择和服务优质实体企业发展的能力，助力区域经济发展。

4.3.2 智慧金融的可得性助力区域经济发展

随着智慧金融技术的发展，传统金融服务的"二八效应"得到明显改善，金融服务可得性得到显著提升，借助智慧金融服务，实现小额高频的普惠金融服务，有效支持大众金融消费，助推实体经济发展。传统金融机构推出的信用卡服务能支持超前消费，促进人们的提前消费，但是信用卡相对较高的办理门槛以及较为烦琐的办理流程还是将大多数潜在客户群拒之门外。在智慧金融技术的催生下，以蚂蚁金服为代表的一大批新型互联网金融机构应运而生，"移动支付时代"随之而来，越来越多的人享受着线上支付带来的便捷的同时，逐渐养成了线上通过蚂蚁花呗、京东白条等App线上提前预支消费的习惯，智慧金融技术给这一代年轻人培养出来了预支消费的习惯，将对于年轻人来说的高价值产品，通过借贷形式使其可以提前拥有。消费是刺激经济发展的核心要素，通过对消费需求的刺激，在一定程度上助力区域经济发展。同时，在智慧金融技术的支撑下，除了传统金融机构纷纷开通电子银行外，以微众银行为代表的一批互联网银行也相继出现。互联网银行具有客群清晰、渠道便捷等特点，主要通过线上渠道拓展客户，"获客"后借助智慧金融技术为客户群体提供"24小时+365天"的全天候金融服务，在低资金成本的条件下，为客户提供更好的服务，同时甄别进而精准支持优质企业的发展，助力区域经济发展。

4.3.3 智慧金融服务更精准助力区域经济发展

智慧金融服务提升客户服务精准性主要表现在以下三个方面：一是基于知识图谱，构建为实体经济服务的知识网络和关系网络。知识图谱是管理海量数据的一种方式，商业银行等金融机构可以通过知识图谱对特定行业的企业信息进行汇集，发现特定行业的企业发展特征，从而有针对性地对某一区域特定行业的项目进行针对性扶持，通过企业间的供给关系，开展更广泛的银企之间的互动，建立起授信体系，既增加银行的优质客源又起到助力地方经济发展的作用。二是金融机构可以通过智慧金融技术对用户数据的深度分析，更好地了解用户需求变化，并根据需求的变动在服务供给侧及时进行更新，为客户提供更加切合的服务。金融作为服务型行业，其核心在于助力实体经济的发展，而通过与智慧金融技术的融合，给金融行业赋予了新的大脑，帮助其以更优质的服务推动经济实现更好的发展。三是利用自然语言处理技术，实现金融价值信息的高效提取、使用与复用。金融机构利用自然语言处理技术，通过机器学习模型，分析海量历史业务资料，不仅可以掌握拟投资的理财项目的发展前景和风险特征，而且可以整理并提取用户特征、交易行为、信用风险等有效信息，进行有价值信息的复用。这一技术非常有利于实现金融机构与实体项目的精准对接，使供需两侧相匹配，为项目筹集到所需要的资金，实现实体经济与银行的双赢局面，进一步推动区域经济发展。

第三篇

数字普惠金融与区域经济发展

第5章
数字普惠金融对经济增长的影响研究

从国内外的实践来看，随着移动互联网及数字技术在普惠金融的发展过程中扮演着越来越重要的角色，普惠金融开始渐渐进入数字普惠金融的时代。通过降低成本与扩展覆盖的广度，互联网在普惠金融中发挥了十分重要的作用。伴随着数字普惠金融不断向前快速发展，以及广大民众对其了解与运用越来越多，人们从中得到的满足感与幸福感也越来越强。但数字普惠金融的发展是否会逐渐影响我国的经济增长呢？本章以我国 31 个省份经济发展水平等方面的相关数据为基础，采用由北京大学数字金融研究中心和蚂蚁金服集团共同组成的联合课题组所编制的数字普惠金融指数，并借助个体和时间双固定效应模型来进行相应的回归分析，考察数字普惠金融的发展对经济增长所产生的影响，以期对政策的制定与完善提供参考。

5.1 数字普惠金融影响经济增长的机理与路径

5.1.1 数字普惠金融对经济增长影响的机理分析

随着我国的科技不断向前推进与发展，数字与普惠金融的结合也变得越来越紧密，促使数字普惠金融在我国的经济、社会等领域所扮演的角色变得越来越重要。星焱（2016）探讨了我国普惠金融的发展对经济增长产生影响的内在机理。主要包含金融需求、贫困循环、相关金融知识教育三个方面。本章借鉴其经验探讨数字普惠金融对经济影响的机理。数字普惠金融影响经济增长的机制如图5-1所示。

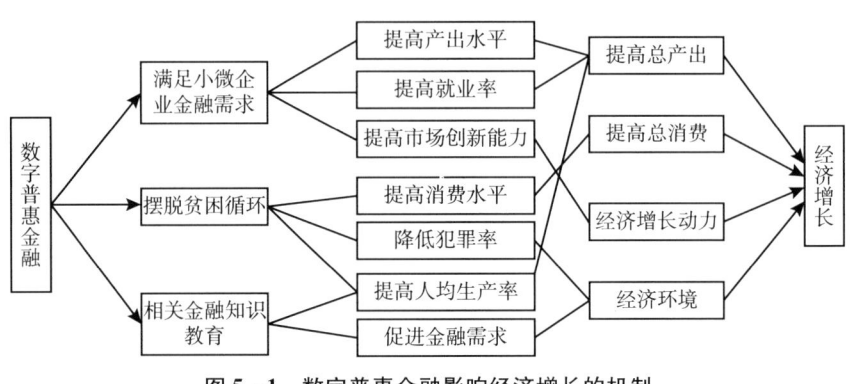

图5-1 数字普惠金融影响经济增长的机制

从图5-1可以看出，数字普惠金融对经济增长所产生影响的第一种方式与普惠金融是相似的。首先它们均可以通过小微企业这一渠道，在满足其相应所需的金融需求的同时，间接地对我国经济产生相应的影响。对于如今大部分的发展中国家来说，小微企业在其经济不断向前发展的过程中，逐渐扮演着一个越来越重要的角色，但其缺点也是较为明显的，例如较弱的融资能力和较差的抗风险能力等。在我国，小微企业的数量占据企业总数的90%以上，其所提供的就业岗位也在80%以上。但大部分的小微企业都会面临融资极其困难的问题。仅不超过20%的小微企业能正常地从银行获得所需的贷款。如果有办法能够提供一个良好的融资环境及大量的贷款支持给小微企业，将能很好地弥补小微企业比较致命的缺点，从而来增强小微企业的获利能力，进一步提升我国的经济实力。

其次，对于许多贫困百姓来说，数字普惠金融的不断进步与普及，成为他们更易获得贷款的有效途径，以此使他们摆脱持续贫穷的困境，并且也能进一步间接促进经济增长。在大部分的发展中国家，普遍存在着这样的情况，大部分农民会在整个生产经营的过程中投入自身大量的劳动力，但仅投入很少的资金与技术，这样产生的后果就是劳动力投入所产生的边际效用逐渐降低，最终趋于饱和状态。要想提升效率，就必须加大资金与技术的投入。对于这个问题，数字普惠金融便能很好地解决。它能为众多的农民提供资本支持来提升他们的效率，使之能借助更低的成本来获取更高的收入，并以此来促使经济越来越好。并且，当他们的收入越来越多，他们对生活的需求也会变得越来越多，从而刺激了消费的增多，又在一定的程度上促进了经济的进一步增长。同时从另一个角度来看，富裕的人越来越多，贫富差距进一步地缩小，也使得我国社会更加稳定，经济环境也变得更为优越，这对我国的经济来说也有着不小的好处。

最后，数字普惠金融的整个体系还可依托金融知识的传播与普及，对我国经济产生积极的影响。一个优秀的数字普惠金融系统，不但可以使我国的整个监管体系更为严密坚固，而且更大的意义在于，面对知识存量较低的低收入人群和农户等，数字普惠金融体系可以更为方便地去普及相关的金融知识，从而提升整个劳动力市场的水准，并使我国的生产率进一步提高。同时，这在一定程度上也同样提升了他们的需求水平，进而促使我国的经济水平进一步提高。

5.1.2 数字普惠金融发展路径

自20世纪90年代起，普惠金融在中国的发展大致经历了四个阶段。第一阶段是20世纪90年代后半期。始于1993年中国社会科学院农村发展研究所引入尤努斯创立的孟加拉乡村银行小额信贷模式，在河北省易县建立扶贫经济合作社，这是我国第一次引入小额信贷扶贫模式，开启了普惠金融发展的公益性小额信贷阶段。第二阶段自20世纪末至2005年。1997年，中国人民银行出台了《农村信用社小额信用贷款管理暂行办法》，提出采取"一次核定、随用随贷、余额控制、周转使用"的管理办法。开展基于农户信誉，无须抵押或担保的贷款，并建立农户贷款档案，农村小额信贷得以全面发展，普惠金融进入发展性微型金融阶段。第三阶段自 2006~2011 年。2005 年中央"一号文件"明确提出"有条件的地方，可以探索建立更加贴近农民和农村需要，由自然人或企业发起的小额信贷组织"。此后包括小额贷款公司等各类小额信贷组织和村镇银行迅速兴起，这是综合性普惠金融阶段。第四阶段自 2012 年至今，随着互联网金融的快速发展，新型互联网金融产品为广大群众提供了互联网支付、互联网借贷以及互联网理财等丰富多样的金融服务，普惠金融发展进入创新性互联网金融阶段。

而到了第四个阶段的时候，则是普惠金融与数字技术开始慢慢接触融合的阶段，从而在付款方式、投融资等多个方面均出现了创新产品。众所周知，对于传统的普惠金融来说，一直都存在着成本相对过高的问题，而我国的金融发展模式所主打的便是希望越来越多相对不那么富裕的百姓及一些小微企业等也能够接触到更多的金融服务，在自己需要的时候，也能凭借自己的收入去承担得起相应的服务。于是，数字普惠金融便应运而生，它不但有着低成本与高效率的优势，更衍生出了众多的金融创新产品。我国数字普惠金融借助其信息技术方面的优势，使众多的民众有了更多的平台与渠道去获取自己所需的金融服务，这在某种程度上也很好地削减了金融服务的成本。数字普惠金融的不断发展使得相关的金融产品被人们用得越来越多，相应的金融服务所涵盖的范围也越来越广，为更多需要金融服务的人群带来了更多的惊喜。

5.2 我国数字普惠金融的发展历程及现状

5.2.1 我国数字普惠金融发展历程

2016 年，在 G20 峰会上我国将数字普惠金融列为一项重要的议题，并在大会中指出要努力去开展我国的数字普惠金融。《G20数字普惠金融高级原则》这一书也在众多相关人员的努力之下被编写出来，目的是为了让更多地区的人们能够通过对数字普惠金融的使用，从而更好地去提高金融服务的质量与效率。为了响应国家的号召和数字化的发展形势，一份由北京大学数字金融研究中心和蚂蚁金服合作编写的《北京大学数字普惠金融指数（2011－2015年）》被发布了出来。目前，这一指数已发布了两期，最新一期的数据是从2011~2018年。这份报告中构建的指标体系和数据结果现在被广泛应用于研究数字普惠金融，是国内公认的较权威的指标体系之一。如今在全球范围内，我国的数字普惠金融的进展速度位于前端，我国的数字技术在数字支付、网络借贷和数字保险等方面均处于世界领先水平。

1. 互联网快速发展

随着大数据和人工智能等新的高新技术不断地快速向前发展，数字普惠金融逐渐在更多阶段及更多方面实现了自身的发展。在当前这个互联网金融阶段，我国数字普惠金融大致有着以下几个方面优势：

首先便是更加广泛的服务覆盖范围。凭借着更多线上的平台，数字普惠金融使众多的用户开始摆脱了线下固定的营业网点对他们的束缚，从而使更多的低收入者也能更好地享受到所需的金融服务，不但帮助到了更多人，也给银行等机构带来了更多的潜在客户。其次是更大众化的客户群体。在为众多用户提供相应的金融服务时，数字普惠金融使之逐渐个性化，并借助于数字技术，从而保证长尾市场所需承担的成本更低，使更多的金融类服务逐渐渗透到更多人当中去。再次是对大数据的掌控。数字普惠金融通过云计算等技术，能充分地利用各个平台的交易信息与用户购买之类的行为数据，从而推算出各种类型用户目前的信用状况，并对其提供相应的信用产品。这样做不仅提高了对风险的管控能力，同时借助于数字化，去更好地了解并处理好用户们的信息，从而大幅度地提高了批阅的速度，使低收入者与小微企业等去获取自身所需的信贷类服务也变得更加方便快捷。最后是相对来说更为低廉的成本。处于数字普惠金融的模式之下，对于金融服务的供求两方面来说，他们都可以通过线上的一些平台来完成自身所需要的交易，从而大幅度缩减了金融机构相应的人员与设备的成本支出。

2. 技术加速驱动

随着数字技术的快速发展，互联网类的公司开始在金融的范畴里进行持续不断的快速扩张，数字普惠金融的新形态也开始变得多种多样。互联网的三大领军公司，凭借着自身的顶级流量与掌握的资源及信息优势，再凭借大数据等相应的最新技术，对消费者群体进行了精细化的分类，并相应的对其提供具有针对性的金融产品。不仅使更多的多功能产品与服务被很好地开发出来，更不断提升自身提供金融服务的能力以及扩大已有的客户群体。互联网的这些巨头公司的所有行动，都为数字普惠金融的不断向前发展注入了源源不断的动力。这些公司向金融范畴的不断扩张，不但大幅度地增加了数字普惠金融的客户数量，与此同时这些公司凭借自身所具备的优势而不断推出的新产品与服务，也带领着数字普惠金融不断更好更快地发展。我国数字普惠金融的不断进步与向前使之最终进入到被互联网类公司的技术不断引领的阶段。在技术创新的持续高效的推动之下，数字普惠金融迎来了一个高速发展的阶段。

5.2.2 我国数字普惠金融业务现状

1. 数字支付

与传统的支付相比，数字支付是一种更新更快的支付方式，并且自身有着众多的优点，例如能涵盖更大的区域，能降低整体的成本，以及更高效便捷等。一方面提供正规金融服务给大量的金融服务需求者，同时另一方面也在很大程度上改善了传统金融支付机构服务不够完善的问题。伴随着互联网不断向前迅猛发展，如今人们对于互联网支付已经越来越离不开了。它方便快捷的优点使老百姓能从中获得充足的幸福感与满足感。对于那些传统的金融机构来说，由于存在着种种的条件限制，不仅使他们十分依赖实体场所，更不可避免地产生了极高的运营成本，同时无法保证金融机构发展的可持续性。而第三方支付的数字支付凭借其低成本可持续的优点，能够触及更多的贫困山区和小微企业，从而更好地体现出数字普惠金融的真正含义。

2. 网络借贷

基于电子商务而兴起的网络贷款带来的信贷理念和模式的变化，将为构建我国多层次融资平台提供可能，而多层次融资平台是解决低收入人群和小微企业融资难的关键。虽然，我国 P2P 平台经历了从盛极一时到纷纷暴雷，再到严格整治和退出的过程，但是网络借贷模式所具有的方便快捷、普惠大众的特点毋庸置疑。网络技术独有的便捷与高效性，使网络借贷大幅度地节省了时间与金钱，实现了更低的成本。随着网络借贷平台的不断增加，人们获取到的客户的信息也逐渐变得更为详细，这也帮助各大平台更好地去分析客户并将其分类，从而发掘出人们更多潜在的需求，并为他们提供更加适合的精细化的产品与服务。

但是网络借贷存在的风险必须引起各方关注，无视风险盲目扩张的 P2P 平台发展之路已成前车之鉴，希望网络借贷在监管部门的监督下规范经营，充分发挥优势，严格控制风险，成为数字普惠金融的一支重要力量。

3. 数字保险

数字保险简单来说是指在传统保险业务中加入了数字技术，从而使相关的一些业务或产品更能体现出普惠的属性。自 2015 年以来，我国在数字保险的保费方面一直在不断地扩大，不过由于监管部门出台的政策，数字保险在总保费金额中所占比例有所下降。其实数字保险对于保险业来说，或许是一场前所未有的变革。如果数字保险能很好地利用数字技术，再凭借其线上运营的模式，更多新的机会将能够被挖掘出来。

在产品上，运用全新的数字技术帮助保险机构可以获取海量的数据，而利用这些数据在互联网的平台上对客户进行分析，从而可以获取到更加精准的用户需求，并针对他们不同的习惯、消费水平及风险承受的能力来制定出更适合他们的保险产品，进而满足他们个性化的需求。而在产品的创新方面，通过运用数字技术使得传统的保险产品可以获得更多的创新，在满足客户们日益变化需求的同时，也使我国数字普惠金融能更好更快地发展起来。而在产品的销售方面，利用数字技术可以帮助很多线下的保险产品投入到线上来进行销售。客户能够在互联网的平台上更加及时准确地了解到适合自己的保险产品来进行购买。通过这种方式，不但增加了销量，同时扩大了保险产品的销售范围，也进一步实现了普惠的目的。

5.3 数字普惠金融对经济增长的实证分析

5.3.1 变量说明与数据来源

本研究中的数字普惠金融发展水平指标是"北京大学数字普惠金融指数"中的省级指标，该指标是由北京大学数字金融研究中心和蚂蚁金服集团两者共同组成的课题组编制而成。该课题组至目前为止共发布了两期指数，本研究选取的是第二期跨度为 2011～2018 年的指数。"北京大学数字惠普金融指数"采用的是蚂蚁金服的海量数据，分别从覆盖广度、使用深度和数字支持服务程度三个一级类别的维度，选取了共 24 个指标，编制了全国 31 个省份的数字普惠金融指数。为了能够使数据更加方便去进行比较与分析，消除数据本身可能存在的异方差影响，对于本章所需用到的各省数据中的数字普惠金融指数进行了相

第5章 数字普惠金融对经济增长的影响研究

应的处理，即对它们取自然对数，最终得到相应的变量（DIFI）来作为本章的解释变量。之后对各省份人均 GDP 也采用相应的自然对数处理，并将得到的变量（RGDP）作为本章中的被解释变量（如表 5-1 所示）；而控制变量的选取参考彭俞超（2015）、杜强（2016）等人的分析方法，分别为：通货膨胀（CPI）、城镇化（CZH）、财政支出（GE）以及贸易开放（TO）。

表 5-1　　　　　　　　　变量一览表

变量名称	变量含义	构造方法	数据来源
RGDP	经济发展水平	人均 GDP 的对数值	国家统计局
DIFI	数字普惠金融发展水平	数字普惠金融指标体系	北京大学数字金融研究中心
CPI	通货膨胀水平	居民消费价格指数（上年＝100）	国家统计局
CZH	城镇化水平	城镇人口占总人口比重（小数）	国家统计局
GE	财政支出规模	财政支出占 GDP 比重（小数）	国家统计局
TO	贸易开发度	进出口总额占 GDP 比重（小数）	国家统计局

各变量的描述性统计分析如表 5-2 所示。

表 5-2　　　　　　　变量的描述性统计分析

变量名称	样本数量	均值	标准差	最小值	最大值
ln_RGDP	248	10.764680	0.430370	9.710	11.850
ln_DIFI	248	5.064153	0.678836	2.790	5.930
ln_CPI	248	4.643569	0.049023	4.611	4.812
ln_CZH	248	-0.605493	0.240805	-1.482	-0.110
ln_GE	248	-1.524028	0.530822	-2.546	0.322
ln_TO	248	-1.786302	0.944893	-4.086	0.437

5.3.2 模型构建

根据本章变量及数据自身的特点,本书使用面板模型进行相应的回归分析。进一步对面板模型进行划分可知,其中的固定效应模型不仅能够展现出各个个体自身所具备的特点,同时也能够使个体间的估计参数是一样的,因此本书决定使用的是固定效应模型。之后对所选取的样本进行相应的检验后,最终决定采用的是相对来说更为合适的个体和时间双固定效应模型,该模型具体如下所示:

$$\ln RGDP_{i,t} = \alpha_0 + \ln RGDP_{i,t-1} + \alpha_1 \ln DIFI_{i,t} + \alpha_2' \ln X_{i,t} + \mu_i + \omega_t + \varepsilon_{i,t} \quad (5-1)$$

其中,i 和 t 各自代表个体和时间。因经济发展具有连续性,所以在模型(1)中加入变量 RGDP 的滞后项。$X_{i,t}$ 代表控制变量,包括 CPI、CZH、GE 和 TO。μ_i 和 ω_t 代表个体固定效应和时间固定效应,$\varepsilon_{i,t}$ 代表随机扰动项。模型(1)中假定数字普惠金融与经济发展之间存在线性关系。因此,为了进一步了解数字普惠金融与经济发展之间是否存在非线性关系,本书在模型(1)的基础上加入了数字普惠金融指数 DIFI 的二次项 $DIFI^2$,得出具体的模型如下:

$$\ln RGDP_{i,t} = \beta_0 + \ln RGDP_{i,t-1} + \beta_1 \ln DIFI_{i,t} + \beta_2 \ln DIFI_{i,t}^2 \\ + \beta_3' \ln X_{i,t,t} + \mu_i + \omega_t + \varepsilon_{i,t} \quad (5-2)$$

若系数 β_0 大于 0,且系数 β_1 小于 0,则说明数字普惠金融与经济发展之间所呈现的关系类似一种 U 型关系,即数字普惠金融指数存在一个最低的点。

5.3.3 实证结果

1. 全样本回归结果

利用我国 31 个省份 2011~2018 年的面板数据进行总样本的回归分析,最终结果如表 5-3 所示。

表 5-3　　　　　　　　　　全样本回归结果

ln_rgdp	(1)	(2)	(3)	(4)
ln_gdp	0.9263*** (-0.0369)	0.8819*** (-0.0475)	0.9204*** (-0.043)	0.8611*** (-0.0511)
ln_difi	-0.1233** (-0.0487)	-0.2121*** (-0.0477)	-0.2518 (-0.2137)	-0.6565** (-0.2691)
ln_cpi		1.2771** (-0.5076)		1.4146*** (-0.4904)
ln_czh		0.2714* (-0.1595)		0.2721 (-0.1624)
ln_ge		-0.0169 (-0.0102)		-0.0204* (-0.0114)
ln_to		-0.0101 (-0.011)		-0.0102 (-0.0109)
ln_DIFI^2			0.0155 (-0.0261)	0.0534 (-0.0317)
常数项	1.4411*** (-0.3881)	-3.464 (-2.3542)	1.7657** (-0.7985)	-2.975 (-2.3319)
个体固定效应	控制	控制	控制	控制
时间固定效应	控制	控制	控制	控制
样本数	217	217	217	217
修正的多元相关系数	0.958	0.960	0.958	0.960
拟合优度	0.9594	0.9624	0.9595	0.9627

注：***、**、*分别代表在1%、5%、10%的统计水平上显著，括号中数字为系数的t统计量。

本章第一步是利用模型（1）来进行回归，分析数字普惠金融对各个地区的经济发展所会产生的影响。表5-3中（1）（2）的回归结果表示，数字普惠金融对地区的经济发展所产生的影响系数为负值，在回归（2）中加入了CPI、CZH、GE、TO等影响经济发展的相关控制变量以后，可以看出模型的拟合优度显著提高了，数字普惠金融 DIFI 系数的 t 统计量也提高了，并且可看出它们全部都通过了显著性检验，这表明数字普惠金融对地区经济的发展是存在着显著影响的，与此同时模型（1）的假设也是成立的，即数字普惠金融与地区经济发展之间的确呈现一种线性关系。

为了进一步检验数字普惠金融与地区经济发展的这种关系，本书通过模型（2）来进一步进行相应的回归分析。表 5-3 中回归结果（3）（4）分别是在原先（1）（2）的基础上加入了 DIFI 的二次项 $DIFI^2$。回归结果（3）显示加入了 $DIFI^2$ 项后，尽管模型整体的拟合优度进一步提升，且其中数字普惠金融 DIFI 和 $DIFI^2$ 的系数分别为 -0.2518 和 0.0155，但可以看出它们均没有通过显著性检验，表明数字普惠金融与地区经济发展之间的确并不存在很显然的非线性关系。但由于数字普惠金融的一次项的系数是负的，而二次项的系数是正的，所以，我们可以判断数字普惠金融与经济增长数量之间存在着一种较为明显的关系，是一种 U 型曲线的关系，并且通过与表 5-3 进行相应的比较可知，我国如今大多数地区的数字普惠金融发展还没有超过那个最低点，达到最优值。因此对于我国来说，更进一步地去发展数字普惠金融是十分必要的，只有这样才能更快地进入到最优区间，从而有效地促进经济增长。回归结果（4）中则是再次添加了其他可能会影响经济发展的变量，可以看出 DIFI 系数的显著性提高了一些，且从不显著到通过显著性检验。这便可进一步地去证明数字普惠金融与地区经济发展两者之间所存在的一种线性关系且控制变量对地区经济的发展也存在着显著性的影响。

2. 分地区回归结果

为了能够进一步地去分析数字普惠金融对我国各个地区的经济发展所产生的影响，本书借鉴的是国家统计局对区域进行相应划分所用的方法，把样本分成了东部、中部和西部这三个子样本，之后对它们分别进行了相应的回归分析。又因为对于各子样本内省份来说，它们各自间的数字普惠金融发展的差距相对来说是较小的,因此进行分地区子样本回归时使用的是模型(1),回归的总体结果如表5-4所示。

表5-4　　　　　　　　　分地区回归结果

ln_rgdp	东部	中部	西部
ln_gdp	0.7185 *** (-0.1847)	0.7644 *** (-0.1556)	0.7944 *** (-0.0537)
ln_difi	-0.5877 * (-0.2732)	-0.0973 (-0.0991)	-0.1145 (-0.0753)
ln_cpi	0.9674 (-1.2016)	0.2139 (-1.8684)	1.1827 (-1.0491)
ln_czh	0.5677 (-0.4221)	0.5955 (-0.438)	0.6963 *** (-0.1996)
ln_ge	0.0265 (-0.0321)	0.0051 (-0.021)	-0.0583 ** (-0.0255)
ln_to	-0.2042 (-0.1458)	0.0121 (-0.0245)	0.0258 ** (-0.0104)
常数项	1.6434 (-6.1928)	2.4379 (-7.0687)	-2.1687 (-5.0931)
样本数	77	56	84
修正的多元相关系数	0.947	0.976	0.973
拟合优度	0.9551	0.9815	0.9767

注:***、**、*分别代表在1%、5%、10%的统计水平上显著,括号中数字为系数的t统计量。

表5-4中分地区回归结果中,仅东部地区回归结果显示出数字普惠金融DIFI的系数通过了显著性检验,即在东部地区数字普惠金融与地区经济发展之间的线性关系成立。且从系数的符号来看,发现数字普惠金融对地区经济增长的弹性系数均呈现负向,依次为-0.5877、-0.0973、-0.1145。但是影响的大小由大到小分别是东部地区到西

部地区再到中部地区。由此可以看出，对于那些经济相对发达的地区来说，数字普惠金融反而更容易去抑制其经济数量的增长，这其实与经济发展目前所处的阶段是有着密切联系的，同时也是因为对于中西部地区来说，其数字普惠金融整体的发展程度相对来说是不高的，对经济增长的抑制作用相对来说还没有得到十分明显的体现。从子样本的回归结果中可以发现，对我国东部地区与中西部地区而言，其数字普惠金融发展水平之间是存在着较大差距的，反映出我国数字普惠金融发展的不平衡性。

总结前面的回归分析结果，数字普惠金融的发展对地区经济的发展存在着先抑后扬的作用，且在数字普惠金融发展到达最优值之前，数字普惠金融越发达的地区，其对经济的抑制作用相对来说会越强。

5.4 研究结论及建议

5.4.1 研究结论

本书在借助2011~2018年我国31个省份的面板数据的基础上，通过北京大学数字金融研究中心发布的相关数字普惠金融指数，运用了个体和时间双固定效应模型来分析数字普惠金融与地区经济发展之间所存在的关系。经过前文的分析，最终得到以下结论：

第一，从全部总体来看，数字普惠金融与地区经济发展之间呈现出一种U型的关系，也就是说存在着最佳数字普惠金融指数。当真实的指数低于这个标准时，数字普惠金融发展水平的提高反而会抑制经济的发展；而当数字普惠金融发展水平超过拐点（最优值）之后，数字普惠金融发展水平的继续提高则会促进经济的发展。因此，需要更进一步地去发展数字普惠金融，帮助各地区尽快越过拐点，实现对经济的促进作用。

第二，当整个研究具体到我国东部、中部和西部地区的发展情况时，发现尽管三大块地区目前对经济均有着抑制作用，但东部地区的抑制作用相对来说却要远大于中西部地区，这也同时可以进一步地说明我国东部地区数字普惠金融的发展水平是要远高于中西部地区的。相对来讲，在各个地区之间数字普惠金融的发展水平是较为不均衡的。

第三，通货膨胀水平和城镇化水平依旧对我国的经济增长有着强大的推动力，因此在注重对数字普惠金融水平提升的同时，也应当去兼顾通货膨胀及城镇化对经济发展所产生的重要影响。

5.4.2 政策建议

鉴于前文得到的结论，为能更进一步地发挥数字普惠金融对我国经济产生的作用，及进一步提高其对我国经济增长所发挥的重大作用，本书提出以下五方面建议。

1. 加强基础设施建设

扩大金融服务的覆盖面以及推进数字金融的普惠性发展都离不开基础设施的支撑。一是必须更充分合理地利用好我国现有的网络资源，着重加强我国农村地区和中西部地区网络基础设施的建设，通过不断加快"网络覆盖"和"宽带中国"两大工程的建设，使贫穷落后地区接入宽带的能力得到进一步的提升，从而增大这些偏远地区的移动网络覆盖率，为今后数字普惠金融相关业务的开展打下坚实的硬件基础。二是要完善我国银行内部的支付清算及信用的结构与体系，使之更为健全，通过建立数字化的用户档案，从而使信用也能得到相应的数字化管理。三是要明确相关技术标准，明确国家扶持政策的重点及方向，尽可能地为更多的民众提供他们能够承担得起的网络服务等。

2. 培育数字金融理念

培养数字金融理念对于发展数字普惠金融来说是不可或缺的。对于以往常常容易被隔离在金融体系外的客户群，如农民和低收入群体等，由于他们一直以来对数字金融、互联网金融的接受能力及认可度均不高，因此，当我们通过数字金融来向该类民众群体提供相应的金融产品及服务时，起始阶段会存在一定的思想障碍。若想更好更高效地解决这一问题，应做到以下几点：一是要通过更多人力、物力、财力的花费来尽可能地加大对数字普惠金融的宣传，只有这样才能真正地让这些相对弱势的群体愿意接受那些新的金融产品及服务。在他们自己认识到互联网金融给自己的生活所带来的方便与好处之后，他们自身便会自发地产生对数字普惠金融产品及服务的需求。二是要进一步加大对数字普惠金融业务人员的相关培训力度，充分发挥他们桥梁纽带的作用，通过平常为长尾客户提供金融服务的同时，不断地进行相关业务知识和理念的传递，从而更广泛地传播数字金融理念。

3. 进一步缩小收入差距

伴随着我国经济的持续发展与增长，在收入分配领域所发生的矛盾也越来越多，贫富差距也越来越大，对于我国的金融与社会稳定等方面来说，也产生了不少的负面影响。因此，想办法缩小收入差距显得十分重要。一是政府要进一步加大社会福利支出，逐渐调整经济的发展方式，借助收入再分配的过程来缩小收入差距。二是更充分地发挥税收所具有的调节作用，通过税收杠杆本身所产生的限高补低效果，来帮助更多的民众拥有更多的财产性收入，从而壮大中产阶级群体。三是政府要确保我国财政增长对民生总体投入的机制产生更为长效的影响，从而保证财力的倾斜方向能更进一步地偏向民生。

4. 完善金融监管制度机制

从长远来看，监管的首要目标应当是实现数字普惠金融更加规范化运行和金融机构的可持续性发展。因此，对于我国数字普惠金融的监管应当秉持鼓励创新和勇于风险防范的理念。一是要充分收集有关数字金融的基本数据情况来进行相应的分析与研究，在摸清我国现有数字金融的发展现状、风险状况等基本情况的基础上，积极探索与当今金融发展相适应的监管措施，以及具备远见的更为高效的政策监管体系，为之后有效监管的实施奠定坚实的基础。二是要进一步提升功能监管职能，面对机构监管所存在的一些不足之处，要充分发挥好功能监管的作用，对数字金融背景下那些具有交叉性的相关金融产品和服务进行更为有效的约束。

5. 促进各地区数字普惠金融协调发展

为了能够使数字普惠金融更好地促进地区经济的增长，并实现地区间经济的协调发展，需要对各个地区数字普惠金融的发展水平及其长处与不足做出深入全面的了解，并进行系统的总结与规划，在发挥其优势的同时尽可能地补足劣势。除了要尽可能提升数字普惠金融在各个区域各个方面对于经济的引导作用，同时也要清楚金融深化中所隐藏的风险。例如对于那些经济相对较发达的东部地区，尽管其有着相对来说更为健康的融资环境，以及发展水平相对较高的数字普惠金融，但由于尚未到达最优值，其对经济增长的促进作用目前来说并不明显，甚至有一定的抑制作用。因此，当我国在对东部的一些地区大力推进相应的数字普惠金融的发展的同时，也应将部分宝贵的金融资源投入我国的中西部地区当中，这样能更充分地去发挥出数字普惠金融的作用，从而来缩小各个地区间存在的经济差距，尽可能地达到协同发展的目的。

第6章
数字普惠金融对乡村振兴的影响研究

  乡村振兴战略是以习近平同志为核心的党中央，在中国特色社会主义进入新时代，开启全面建设社会主义现代化国家新征程时，围绕新时代"三农"问题，为加快农业农村现代化步伐，加快推动我国农业大国向农业强国迈进而采取重大战略举措。数字金融门槛低、效率高、覆盖面广的优势为农村地区普惠金融创造了新的可能，而拓展农村地区业务也确实成为一些互联网金融公司的重要战略，蚂蚁金服、京东金融等互联网金融公司纷纷成立了专门的农村金融部门，数字金融"下乡"已经蔚然成风。然而，数字金融作为互联网技术和金融业务的结合，其运用一方面需要基本的金融知识和互联网技能；另一方面，虽然互联网金融可以克服地理障碍，在人口密度和经济活动密度低的农村地区也能低成本地提供金融服务，但是农户是否能切实享受到这些现代化的数字金融服务？数字普惠金融对乡村振兴的实现是否有显著影响还有待验证。本章正是为了回答这一问题，基于金融发展对乡村经济、生态、福祉、文化、政治建设影响的理论基础，采用2011~2018年中国31个省份的面板数据，运用权重变异系数法构建乡村振兴发展水平的评价指标，进而对数字普惠金融发展水平与乡村振兴之间的关系进行回归分析，并在此基础上提出相应的政策建议。

第 6 章 数字普惠金融对乡村振兴的影响研究

6.1 范畴界定

6.1.1 数字普惠金融

国务院在《推进普惠金融发展规划（2016—2020年）》中提出，普惠金融是指立足于机会平等要求和商业可持续原则，通过加大政策引导扶持、加强金融体系建设、健全金融基础设施，以可负担的成本，为有金融服务需求的社会各阶层和群体提供适当、有效的金融服务。

在传统金融机构拓展普惠金融实践的同时，数字普惠金融凭借其创新性，持续降低服务成本、扩大服务范围，数字普惠金融服务显著带动着普惠金融的发展。

2016年G20峰会在《全球标准制定机构与普惠金融——演变中的格局》中首次定义数字普惠金融，即一切通过数字技术促进普惠金融的行动。

立足于数字普惠金融的内涵，着眼于衡量数字普惠金融服务的覆盖度、使用度及数字化程度，在保证数据可得性和测度科学性的基础上，北京大学数字研究中心于2019年4月正式更新发布了《北京大学数字普惠金融指数（2011—2018年）》。

6.1.2 乡村振兴

习近平总书记在中国共产党第十九次全国代表大会上的报告中首次提出实施乡村振兴战略，要坚持农业农村优先发展，按照产业兴旺、生态宜居、乡风文明、治理有效、生活富裕的总要求，建立健全城乡融合发展体制机制和政策体系，加快推进农业农村现代化。

乡村振兴战略的提法出现后，在乡村振兴的含义、总要求、实现路径等方面，专家学者们已经进行了大量的调查和研究，对乡村振兴的评价体系方面也多有涉及，但大多局限于个别地区的个别年份的乡村振兴水平评价，对于我国多年来各省份的乡村振兴水平，目前还没有统一的评价指标。如张挺（2018）从乡村振兴的 5 个总要求出发，选取 15 个三级指标和 44 个四级指标，评价 11 省份的 35 个乡村的乡村振兴发展水平；李洪斌（2020）构建了产业振兴等 5 个一级指标，并下设 22 个二级指标，构建评价体系，对我国的欠发达地区的乡村振兴水平进行测度；张雪（2020）筛选产业振兴等 5 个一级指标，15 个三级指标，46 个四级指标构建评价体系，对辽宁省 2018 年个别村落、农户的乡村振兴发展情况进行分析；申云（2020）采用了以农产品、农业多功能以及农业支撑为主的乡村产业振兴体系理论分析框架，对全国各省份 2015 年的乡村振兴发展水平进行测度和比较。在评价方法研究方面，主要包括指标筛选方法、指标权重确定方法及评价结果计算方法。其中，指标筛选方法大多采用专家调查法（Delphi）及层次分析法（AHP）对评价体系指标进行筛选。指标权重方面，现阶段的大部分研究多采用专家打分法、层次分析法等方法。在评价结果计算方面，综合指数法、加权求和法、层次分析法等方法常被使用。

6.2 数字普惠金融对乡村振兴影响的机制分析

6.2.1 理论基础

1. 金融发展理论

（1）金融结构理论。戈德史密斯（Goldsmith，1969）提出了金融结构与金融发展理论。他认为金融结构的变化促进了金融的发展，探索金融发展，实际上就是研究金融结构的变化。同时，他提出用金融关联度来衡量金融结构和金融发展水平。通过该指标可以得到经济发展与金融关联度的正相关关系，说明金融发展对经济的促进作用日益显著。同时，金融结构越发达，越能提供更高效专业的金融服务，让更多的人享受金融服务，有利于改善经济发展环境，促进经济发展。

（2）金融深化理论。随着社会的不断发展，戈德史密斯提出的金融结构的相关理论和指标难以准确衡量金融与经济发展的关系。麦金农（Mckinnon，1973）提出了金融抑制理论，而爱德华·肖（Edward Shaw，1973）提出了金融深化理论。这两种理论都被概括为金融深化理论。该理论认为政府不应过度放慢金融发展的步伐，鉴于发展中国家的具体情况和经济发展，政府应该进行利率改革。国家不应该对金融体系和金融市场进行过多的行政干预，应充分尊重市场机制的调节作用，促进经济增长。同时金融经济要逐步实现自由发展，改革进程也要循序渐进，以实现金融经济有序健康发展。

（3）金融约束理论。赫尔曼等（Hellman et al.，1997）提出金融约束理论，认为在金融业快速发展的过程中也要注意健康发展，政府应通过调控手段干预金融业的发展，达到激励市场效果的同时也要保证不会产生金融压制，因为市场的过度自由化会带来诸多问题。因此，政府需要制定完善的金融政策提升市场准入门槛，将存贷款利率控制在合理范围内，将金融压制所带来的危害控制在较低水平，改善市场失灵等问题。

2. 二元经济结构理论

从二元经济结构理论角度来看，发展中国家的经济结构主要由工业与农业两部分组成，但二者在发展方面存在不均衡的情况。其中工业发展迅速，技术成熟，资金充足，但存在劳动力不足的问题，因此劳动力成本较高。农业部门的发展较为落后，劳动力过剩。二元经济结构导致产业区别大，城乡差距拉大，人均收入悬殊。为解决这些问题，政府就要鼓励农村中的剩余劳动力向城市中的工业部门转移，一方面有利于解决农村剩余劳动力的就业问题，另一方面使工业部门拥有充足的劳动力，将劳动生产成本控制在较低水平。随着金融产业持续发展，其能够将城乡收入差距控制在较低水平。金融发展对于缩小城乡收入差距的影响机制主要表现在为二元经济结构带来的影响，主要作用于资源配置、融资渠道、交易成本效应等。

3. 农村金融理论

（1）农业信贷补贴理论。农业信贷补贴理论是指农业发展离不开农业信贷政策的支持，如果农业信贷政策没有得到良好落实，农业发展就会受到影响。农业自身具有"靠天吃饭"的特点，该行业的发展很大程度上受制于自然因素，自然环境的变化极大影响着农产品产量的高低。本质上来讲，若没有资金的支持，农业很容易受到自然因素的干扰而难以稳定发展。正因为农业较其他行业风险较大，以追求利益的最大化为宗旨的金融机构往往无视农业的融资需求。这也给一些非正规的金融机构提供了谋利机会，他们往往会以高利贷的方式贷款给相应的农业部门，高昂的融资成本反而更加阻碍了农业的发展。因此，政府应通过政策倾斜的方式对农业农村进行信贷补贴，同时建立一种金融机构，紧跟农业发展的实际，及时解决农业的融资需求，杜绝市场的不合规融资行为，将非正规机构驱逐出市场。

（2）不完全竞争市场理论。不完全竞争市场理论指发展中国家的金融市场并不是一个完全竞争的市场，金融机构作为贷款方由于存在信息的不对称难以获取借款人的充分信息来决定是否对其借款。如果完全依赖市场机制来进行贷款业务，难以形成一个运行良好的金融市场，这就需要政府出面对其进行干预以维持金融市场的有效运行。该理论为政府在农村金融市场中的行为提供了基础，不完全竞争市场理论和农业信贷补贴理论不同，该理论认为农村金融市场中存在的市场缺陷要求政府和相应的金融机构必须介入其中。同时也要求介入的金融机构应该具有完善的体制，对于农村金融市场中非市场因素的介入，应该要加强对农村金融机构的改革，排除可能妨碍农村金融市场有序运行的因素。同时也指出政府和金融机构提供的资金应该首先用于金融机构的建设，包括培训从业人员以及建立完善的管理信息系统。

6.2.2 数字普惠金融对乡村振兴的影响机制

党的十九大对乡村振兴进行了战略部署，具体提出了包括产业兴旺、生态宜居、乡风文明、治理有效、生活富裕五方面在内的总要求。所以，数字普惠金融发展对乡村振兴发展的影响机制分析也主要从以下五点展开，如图6-1所示。

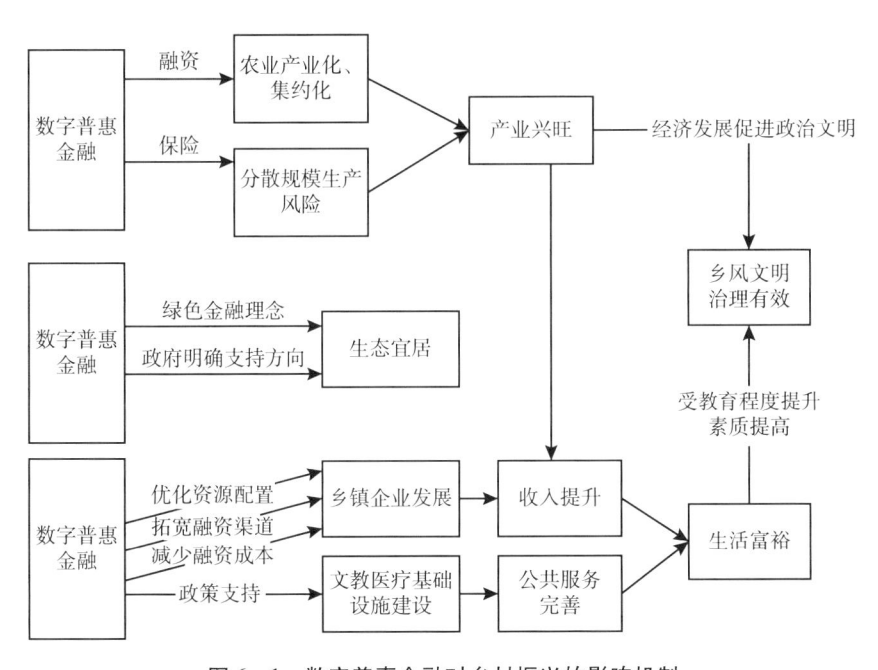

图6-1 数字普惠金融对乡村振兴的影响机制

1. 数字普惠金融对于乡村产业兴旺的影响

农村农业问题的重中之重是解决产业问题。由于农业本身受自然环境影响大、风险高的特性及中国长期存在的"以农养工"思想，农业发展受到抑制。目前我国的农业生产存在的突出问题是生产分散、效率低下、产业链短、产品附加值低等问题，农业生产亟须从粗放式、家庭作坊式生产向集约化、规模化发展转变，并逐渐实现转型升级，形成生态农业。发展数字普惠金融可以对农业发展起到推动作用。首先可以为农业农村经营个体提供融资渠道；其次可以引导人才、资金和技术流向有发展前景的农业项目；最后，保险业也可以为农业生产经营风险提供保障。

2. 数字普惠金融对于乡村生态宜居的影响

绿色金融理念的推行使金融经营活动与生态环境保护和环境污染治理有机结合，优化了生态农业的金融服务环境。数字普惠金融合理有效地配置金融资源，为环保型农业项目和有利于改善农村生态环境的项目提供融资，从而使资源合理有效地用于农村地区的生态环境的提升上。此外，数字普惠金融可以通过政府授权，明确支持绿色生态项目的融资方向，提升生态农业申贷获得率和信贷覆盖率，实现乡村生态宜居。

3. 数字普惠金融对于乡村乡风文明、治理有效的影响

数字普惠金融发展间接地影响乡村乡风文明和治理有效建设。数字普惠金融的发展促进农村地区产业兴旺、生活富裕，农村地区产业规模扩大、转型升级，农村居民收入增加，教育水平提高，从而间接带来乡风文明的改善。同时，数字普惠金融发展，金融业市场化进程的加速，这些能够"倒逼"乡村治理更开明，信息更公开，服务更民主。

4. 数字普惠金融对于乡村生活富裕的影响

生活富裕主要体现为农民收入水平和公共服务水平两个方面。

农民收入水平方面，当下城乡收入差别显著，二元经济结构理论认为，金融发展对于城乡收入差距的影响机制主要作用于资源配置、融资渠道、交易成本效应。资源配置效应即城市的工业部门相较于农村的农业部门来说，能获得传统金融的更多金融资源和融资渠道，因此城市工业部门的发展快于农业部门，城镇居民因工业部门的发展而受益，收入增加，农村地区的收入水平因农业发展较慢加之劳动力向工业部门的流动而变得更加不乐观。融资渠道效应即因农民本身抗风险能力弱，融资意识差，融资能力低等原因受到信贷约束，限制了农业的发展和农村收入水平的提升。交易成本效应即相比之下农村地区融资交易成本较高，限制了金融对农村地区产业发展和收入提升的促进作用。

而数字普惠金融旨在以可负担的成本为社会各阶层的有金融服务需求的群体提供金融服务，因此，针对农村地区在融资时面临的资源配置、融资渠道、交易成本方面的劣势，数字普惠金融可以给予弥补，得以有效增加农村地区收入，缩小城乡收入差距。此外，产业兴旺的实现，使农村居民获得稳定的收入来源，也促进了整体收入水平的提高。

从公共服务的角度看，财政资金的不足通过政策性金融支持得到一定的解决，同时它也促进教育、卫生、文化、体育等公共服务设施的建设。

6.2.3　影响乡村振兴的其他因素

除数字普惠金融发展水平外，影响乡村振兴的其他因素还有经济发展水平、贸易开放度、旅游业发展水平、人口结构和城镇化水平等。

经济发展水平：根据经济理论，如果一个地区经济较为发达，那么其乡村经济必然也获得了良好发展。

贸易开放度：贸易开放能够对乡村经济发展产生以下影响：一方面贸易开放将会导致城市产业扩张，大量劳动人口向城镇集中，以至于农村人口空心化，影响乡村振兴；另一方面，贸易开放会产生扩张生产的情况，从而创造出更多的就业岗位，农民收入水平也会随之提升，使农村地区发展得到充足支持。

旅游业发展水平：大多数农村都拥有丰富的旅游资源，地方政府应充分发挥出这一资源优势，带动乡村地区经济发展。

人口结构变化会通过乡村生产、乡村生活、乡村生态等方面来影响乡村振兴发展。城镇化会对乡村振兴产生正负两方面的影响，净效应则取决于两者的对比。

6.3 数字普惠金融影响乡村振兴的实证分析

6.3.1 待检验假设

数字普惠金融发展对乡村振兴的促进作用，可能存在地区间差异。从融资需求角度分析，在经济发展较为落后的地区，金融市场不健全，金融资源有限，并且大多农业经营个体缺乏金融借贷的意愿和知识，也缺少有效的抵押物。因此，在出现资金需求时，他们常诉诸非正式的金融机构，如民间高利贷团体等。从资金供给角度分析，由于受到经济、文化等各个方面因素的影响，经济相对欠发达的农村地区的金融交易成本更高、风险更大，因此金融机构不愿意向这些地区的企业和农户发放贷款。

基于以上理论分析，提出本书的待检验理论假设：数字普惠金融发展能促进乡村振兴发展，但在经济发展水平不同的地区，该效应存在差异。

6.3.2 模型设定与指标选取

1. 模型设定

为检验数字普惠金融发展水平对乡村振兴发展情况的影响，设定回归模型。

$$ruaral_{i,t} = \alpha_1 index_{i,t} + \alpha_2 x + \alpha_3 + \varepsilon_{i,t}$$

模型中 $ruaral_{i,t}$ 表示第 i 省份第 t 年乡村振兴发展水平，是本章关注的被解释变量；$index_{i,t}$ 表示 i 省份 t 年数字普惠金融发展水平，是本章关注的主要被解释变量；x 表示除数字普惠金融发展水平外其他影响乡村振兴发展水平的因素，如经济发展水平、贸易开放度等，是本章的控制变量；$\varepsilon_{i,t}$ 表示随机扰动项。

2. 指标选取

本章在前人研究基础上，根据习近平总书记"五个振兴"的科学论断，即乡村产业振兴、乡村人才振兴、乡村文化振兴、乡村生态振兴、乡村组织振兴，并考虑数据的可得性，设置乡村振兴发展水平的评价指标体系（rural）。

其中包含5个一级指标：产业建设、生态建设、福祉建设、文化建设和政治建设，8个二级指标：人均农林牧渔产值、人均农业机械总动力、人均沼气池产气量、人均太阳能热水器、人均最低生活保障救济费、农村每千人口医疗机构床位数、人均教育文化娱乐消费、自治人数百分比，如表6-1所示，并通过变异系数法测度了2011~2018年全国31个省份（不包括港澳台地区，余同）的乡村振兴发展水平。

在这里需要特别说明的是，虽然乡村振兴战略是习近平总书记于2017年在党的十九大报告中首次提出，2019年3月习近平总书记又提出了"五个振兴"的科学论断，但"三农"问题长期以来一直是党中央高度关注的问题。1982~1986年，连续五年的中央一号文件都以"三农"为主题，部署了每年农村改革和农业发展的具体工作；2004年至今每年发布的中央一号文件都以"三农"为主题，从多个角度不同层面安排部署"三农"工作，由此可见"三农"问题的重要性及其发展滞后急需改变和提升的迫切性。乡村振兴战略的提出，是党中央对"三农"问题高度重视的直接体现，进一步从国家战略的高度来统筹规划和解决"三农"问题。正是基于中央对"三农"问题高度关注和各级政府落实中央政策的一贯性，本章在测度全国乡村振兴发展水平时，没有只是从2017年乡村振兴战略提出之后才开始计算，而是进行了前移，使用统一口径的数据对2011~2018年全国31个省市自治区的乡村振兴发展水平进行测度和分析。

2018年9月中共中央、国务院又印发了《乡村振兴战略规划（2018~2022年）》，作者后期会持续关注"三农"和乡村振兴问题，等到2022年相关数据都公布后，继续跟踪研究全国乡村振兴发展水平，尤其是对2018年前后五年的数据进行对比分析，揭示"乡村振兴战略"提出前后是否有大的变化和差异。

表6-1　　　　　　　　　乡村振兴评级体系

一级指标	二级指标	方向
产业建设	人均农林牧渔产值（亿元/万人）	正
	人均农业机械总动力（万千瓦/万人）	正
生态建设	农村人均太阳能热水器（平方米/人）	正
	农村人均沼气池产气量（立方米/人）	正
福祉建设	农村人均最低生活保障救济费（万元/万人）	正
	农村每千人医疗机构床位数（张）	正
文化建设	农村人均教育文化娱乐消费（元/人）	正
政治建设	农村自治人数占比（%）	正

数字普惠金融发展水平（index）采用北京大学数字金融研究中心联合蚂蚁金服集团，于2019年4月正式更新发布的《北京大学数字普惠金融指数（2011—2018年）》中的中国数字普惠金融发展指数，指标体系如表6-2所示。

表6-2　　　　　　　　　数字普惠金融评价体系

一级维度	二级维度	具体指标
覆盖广度	账户覆盖率	每万人拥有支付宝账号数量
		支付宝绑卡用户比例
		平均每个支付宝账号绑定银行卡数

续表

一级维度	二级维度	具体指标
使用深度	支付业务	人均支付笔数
		人均支付金额
		高频度活跃用户数占年活跃1次及以上之比
	货币基金业务	人均购买余额宝笔数
		人均购买余额宝金额
		每万人支付宝用户购买余额宝的人数
	信贷业务——个人消费贷	每万支付宝成年用户中有互联网消费贷的用户数
		人均贷款笔数
		人均贷款金额
	信贷业务——小微经营者	每万支付宝成年用户中有互联网小微经营贷的用户数
		小微经营者平均贷款笔数
		小微经营者平均贷款金额
	保险业务	每万人支付宝成年用户中有互联网小微经营贷的用户数
		人均保险笔数
		人均保险金额
	投资业务	每万人支付宝用户中参与互联网投资理财人数
		人均投资笔数
		人均投资金额
	信用业务	自然人信用人均调用次数
		每万支付宝用户中使用基于信用的服务用户数
数字化程度	移动化	移动支付笔数占比
		移动支付金额占比
	实惠化	小微经营者平均贷款利率
		个人平均贷款利率

续表

一级维度	二级维度	具体指标
数字化程度	信用化	花呗支付笔数占比
		花呗支付金额占比
		芝麻信用免押笔数占比
		芝麻信用免押金额占比
	便利化	用户二维码支付的笔数占比
		用户二维码支付的金额占比

控制变量方面，经济发展水平（lngdp）用人均实际生产总值的对数来衡量。贸易开放度（openness）用进出口贸易总额占 GDP 的比重来衡量。旅游业发展水平（tourism），用接待入境过夜游客百万人次衡量。人口结构，本章加入老年抚养比（odr）和少年抚养比（cdr）两个控制变量，以考察人口结构变化对乡村振兴发展的影响。城镇化水平（urban），用人口城镇化率（city）来衡量，如表 6-3 所示。

表 6-3　　　　　　　　　控制变量衡量指标

控制变量	衡量指标
经济发展水平（lngdp）	人均实际生产总值的对数
贸易开放度（openness）	进出口贸易总额占 GDP 的比重
旅游业发展水平（tourism）	接待入境过夜游客百万人次
人口结构	老年抚养比（odr）、少年抚养比（ydr）
城镇化水平（urban）	人口城镇化率（city）

6.3.3 数据说明

1. 乡村振兴发展水平的测度

通过设定的指标体系对乡村振兴发展水平进行测度时，为消除指

第6章 数字普惠金融对乡村振兴的影响研究

标量纲和数量级的影响，首先对原始数据采用极值处理法进行无量纲化处理：第 t 年省市 k 第 i 个指标原数据为 $A_{k,i,t}$，经过极值法处后为 $A^*_{k,i,t}$。处理后所有指标取值在 0 至 1 之间，公式为：$A^*_{k,i,t} = [A_{k,i,t} - \min(A_{k,i,t})]/[\max(A_{k,i,t}) - \min(A_{k,i,t})]$，$A_{k,i,t}$ 为正向指标；$A^*_{k,i,t} = [\max(A_{k,i,t}) - A_{k,i,t}]/[\max(A_{k,i,t}) - \min(A_{k,i,t})]$，$A_{k,i,t}$ 为负向指标。

之后通过变异系数法计算权重，计算第 i 指标的变异系数 V_i，公式为 $V_i = \sigma_i/Z_i$，其中 σ_i 为第 i 个指标的标准差，Z_i 为第 i 个指标的算术平均值，第 i 个指标的变异系数法权重计算公式为：$\beta_i = V_i / \sum_{i=1}^{n} V_i$，$\beta_i$ 就是变异系数法确定的第 i 项标的权重。乡村振兴各指标权重如表 6-4 所示。

表 6-4　　　　　　　　乡村振兴各指标权重

评价指标	权重（%）
人均农林牧渔产值（亿元/万人）	9.62
人均农业机械总动力（万千瓦/万人）	9.43
农村人均太阳能热水器（平方米/人）	19.85
农村人均沼气池产气量（立方米/人）	15.12
农村人均最低生活保障救济费（万元/万人）	16.43
农村每千人医疗机构床位数（张）	4.15
农村人均教育文化娱乐消费（元/人）	8.64
农村自治人数占比（%）	16.76

根据以上赋权结果，最终得出 2011~2018 年各省的乡村振兴得分情况，如表 6-5 所示。

表6-5 2011~2018年各省份的乡村振兴得分情况

省份	2011年	2012年	2013年	2014年	2015年	2016年	2017年	2018年
北京	0.2579	0.2432	0.2601	0.2790	0.2827	0.3604	0.3448	0.3671
天津	0.1746	0.2088	0.2248	0.2620	0.2721	0.3394	0.3961	0.4057
河北	0.2056	0.2092	0.2089	0.2488	0.2397	0.2463	0.2844	0.3028
山西	0.1580	0.1648	0.1925	0.2336	0.2528	0.2416	0.3381	0.1988
内蒙古	0.2080	0.2379	0.2739	0.3440	0.3386	0.4574	0.3216	0.3535
辽宁	0.1631	0.2450	0.2252	0.2515	0.2331	0.2537	0.2545	0.2815
吉林	0.1510	0.1999	0.2146	0.2420	0.3540	0.2212	0.2418	0.2520
黑龙江	0.1482	0.1794	0.2240	0.2553	0.2593	0.2936	0.3121	0.3405
上海	0.1821	0.2461	0.2865	0.2856	0.2873	0.2975	0.2699	0.3050
江苏	0.2481	0.2298	0.2482	0.3145	0.3043	0.3322	0.3597	0.3870
浙江	0.1988	0.2195	0.2432	0.2807	0.2724	0.3131	0.3368	0.3968
安徽	0.1288	0.1479	0.1672	0.2020	0.2272	0.2738	0.2917	0.2974
福建	0.1352	0.1502	0.1617	0.2079	0.2054	0.2437	0.2516	0.3223
江西	0.1769	0.1984	0.1955	0.2019	0.1633	0.2002	0.2137	0.2412
山东	0.2239	0.2413	0.3203	0.3032	0.3084	0.3035	0.3329	0.3517
河南	0.1565	0.2099	0.2243	0.3596	0.2140	0.2434	0.2370	0.3108
湖北	0.2141	0.2458	0.2456	0.2472	0.2730	0.3017	0.3252	0.3416
湖南	0.1943	0.1701	0.1754	0.1996	0.2141	0.2543	0.3015	0.3215
广东	0.0976	0.1015	0.1388	0.1700	0.1591	0.2112	0.2248	0.2658
广西	0.2319	0.1847	0.3573	0.2357	0.2515	0.2582	0.3269	0.2926
海南	0.4736	0.4566	0.4456	0.5003	0.5073	0.5566	0.5954	0.6043
重庆	0.1341	0.1520	0.1745	0.2247	0.2045	0.2745	0.2525	0.2952
四川	0.2899	0.1672	0.1968	0.2118	0.2874	0.2478	0.2502	0.2486
贵州	0.0958	0.1094	0.1262	0.1580	0.1821	0.2057	0.2400	0.2437
云南	0.1926	0.3102	0.1882	0.2263	0.2250	0.3206	0.3030	0.3145
西藏	0.1999	0.2153	0.2402	0.2624	0.2971	0.2633	0.2682	0.2967
陕西	0.1312	0.1544	0.1989	0.1886	0.2031	0.2280	0.2420	0.2490
甘肃	0.1491	0.1243	0.1495	0.1743	0.1853	0.2047	0.1899	0.2128
青海	0.1115	0.1458	0.1598	0.2042	0.1817	0.1534	0.1852	0.2116
宁夏	0.1645	0.2080	0.1743	0.1966	0.2391	0.2642	0.3056	0.3480
新疆	0.1355	0.1604	0.1747	0.2141	0.2439	0.2602	0.2723	0.2867

2. 变量的描述性统计结果

表 6-6、表 6-7、表 6-8、表 6-9 分别显示全国、东部、中部、西部的变量描述性统计结果。

表 6-6　　　　　　　变量的描述性统计结果（全国）

变量名称	样本量	均值	标准差	最小值	最大值
rv	248	187.1749	85.0786	16.22	377.73
dif	248	0.2487	0.0816	0.0958	0.6043
lngdp	248	10.74807	0.4494	8.7555	11.850949
openness	248	24.5164	26.4400	1.1619	145.7423
odr	248	13.4610	3.1644	6.71	22.69
cdr	248	22.768	6.2694	9.9	36.2
urban	248	56.133	13.2516	22.7	89.6
riot	248	3.4037	6.07454	0.02	37.48

表 6-7　　　　　　　变量的描述性统计结果（东部地区）

变量名称	样本量	均值	标准差	最小值	最大值
rv	88	0.2546	0.0626	0.1288	0.3870
dif	88	189.9610	85.4312	28.4000	368.5370
lngdp	88	10.8120	0.4074	10.1396	11.8509
openness	88	0.2287	0.1667	0.0486	0.7644
odr	88	0.1418	0.0280	0.0744	0.2269
cdr	88	0.2350	0.0607	0.1062	0.3346
urban	88	0.5698	0.1149	0.4057	0.8650
riot	88	2.7948	1.7561	0.0200	7.9200

表6-8　　　　　　　变量的描述性统计结果（中部地区）

变量名称	样本量	均值	标准差	最小值	最大值
rv	64	0.2655	0.1172	0.0958	0.6043
dif	64	178.6831	82.9744	18.4700	319.4769
lngdp	64	10.6352	0.3699	9.7058	11.1853
openness	64	0.1332	0.0958	0.0291	0.3492
odr	64	0.1339	0.0228	0.0867	0.2000
cdr	64	0.2254	0.0664	0.1303	0.3621
urban	64	0.5340	0.0853	0.3496	0.6810
riot	64	1.5372	1.0962	0.0500	4.7300

表6-9　　　　　　　变量的描述性统计结果（西部地区）

变量名称	样本量	均值	标准差	最小值	最大值
rv	96	0.2380	0.0636	0.0976	0.4057
dif	96	191.8812	83.4628	16.2200	377.7337
lngdp	96	10.7599	0.5154	8.7556	11.8129
openness	96	0.3447	0.3636	0.0116	1.4574
odr	96	0.1220	0.0326	0.0671	0.2183
cdr	96	0.2252	0.0628	0.0988	0.3513
urban	96	0.5626	0.1683	0.2271	0.8960
riot	96	5.3543	9.2501	0.0500	37.4800

6.3.4　实证结果

1. 基于全国层面面板数据回归模型

基于全国层面面板数据进行模型回归的结果如表6-10所示。

第6章 数字普惠金融对乡村振兴的影响研究

表6-10　　　　　　　　　　模型回归结果

变量	OLS
dif	0.1998689 (0.0229817)
lngdp	0.0107355 (0.0114851)
openness	-0.0000725 (0.0212377)
odr	-0.08182 (0.190959)
cdr	-0.1300082 (0.1660666)
urban	-0.0058833 (0.1076722)
riot	-0.0021081 (0.0016763)
cons	0.0929244 (0.1319526)
N	248
R^2	0.6323

下面使用 LM 和 Hausman 来检验，结果如表6-11所示。

表6-11　　　　　　　　　　假设检验

	LM 检验	Hausman 检验
统计量数值	467.29	2.00
P 值	0.0000	0.9199

LM 检验的 P 值为 0.0000，强烈拒绝"不存在个体随机效应"的

原假设，所以应当选择"存在个体随机效应"。Hausman 检验的 P 值是 0.9199，因此，不能拒绝"误差项个体效应分变量与解释变量不相关"的原假设，所以应当选择"随机效应"而不是"固定效应"。另外，随机效应模型使用 GLS 估计，本身就已经控制了异方差，最终结果如表 6-12 所示。

表 6-12　　　　　　　　　　　回归结果（随机效应）

变量	RE
dif	0.1999395 *** （0.022447）
lngdp	0.0109157 （0.0113918）
openness	0.0005265 （0.0209802）
odr	-0.0908157 （0.1870285）
cdr	-0.1194064 （0.160958）
urban	-0.0026435 （0.1029871）
riot	-0.0022394 （0.0015751）
cons	0.0882159 （0.1300291）

根据表 6-12 的随机效应回归结果来看，数字普惠金融指数的系数约为 0.1999395，从总体来看，数字普惠金融对乡村振兴的影响在 1% 的置信水平下显著，即数字普惠金融指数每提高 1%，乡村振兴指数将同向变化 20%。由此可见，数字普惠金融发展对乡村振兴具有显

著的促进作用,此外控制变量中经济发展水平、城镇化水平估计系数为正,对外开放程度、旅游业人口结构估计系数为负,但都不显著,表明这些指标对乡村振兴发展还未带来显著的影响。

2. 基于区域层面面板数据回归模型

本章又对我国东部地区、中部地区和西部地区的相关数据分别进行了回归分析,回归结果分别如表6-13、表6-14、表6-15所示。

表6-13　　　　　　　　模型回归结果(东部地区)

变量	RE
dif	0.1432679 *** (0.0434518)
lngdp	0.0749177 (0.0478027)
openness	-0.017856 (0.0660397)
odr	0.4846526 * (0.248049)
cdr	-0.2003252 (0.1899268)
urban	-0.1673767 (0.1675127)
riot	-0.0016175 (0.0039087)
cons	-0.5411697 (0.4348562)

如表6-13所示,在东部地区,数字普惠金融在1%的置信水平下显著,即数字普惠金融指数每提高1%,乡村振兴指数将同向变化14.33%,这表明东部的乡村振兴水平受数字普惠金融发展水平的显著

影响。此外，老年抚养比对乡村振兴在10%的水平下显著。

表6-14　　　　　　　　模型回归结果（中部地区）

变量	RE
dif	0.1830017 *** (0.0685374)
lngdp	0.0027243 (0.0672811)
openness	-0.038649 (0.2243577)
odr	-0.3369778 (0.5419056)
cdr	-0.4394842 (0.4382938)
urban	0.1281476 (0.4280142)
riot	0.0113341 (0.0120589)
cons	0.2182928 (0.6295431)

从中部地区来看，如表6-14所示，数字普惠金融对乡村振兴的影响在1%的置信水平下显著，即数字普惠金融指数每提高1%，乡村振兴指数将同向变化18.30%，高于东部地区的影响系数。

表6-15　　　　　　　　模型回归结果（西部地区）

变量	RE
dif	0.2299944 *** (0.0302025)

续表

变量	RE
lngdp	0.0026481 (0.0119974)
openness	0.0241086 (0.0221869)
odr	-0.1987152 (0.2390046)
cdr	-0.2452231 (0.2430361)
urban	-0.1174291 (0.1115793)
riot	-0.0024022* (0.0009268)
cons	0.2492637 (0.1552573)

对于西部地区而言，如表6-15所示，数字普惠金融对乡村振兴的影响在1%的置信水平下显著，即数字普惠金融指数每提高1%，乡村振兴指数将同向变化23%，影响程度略高于东部地区和中部地区。接待入境过夜游客在10%的置信水平下显著。

6.4 研究结论与政策建议

6.4.1 研究结论

通过回归估计，可得出数字普惠金融系数在全国、东部、中部、西部对应的回归方程中，都在1%的显著性水平下为正，可以得出数字普惠金融的发展显著促进了乡村振兴的实现。

区域横向对比，数字普惠金融系数在西部最高，中部次之，东部最低，这说明数字普惠金融对各地区的影响程度不一，这确实符合我国的实际情况。中西部地区农村人口较多，融资需求较高，但金融发展水平较为落后，因此存在着金融资源配置效率低下、融资渠道少、交易成本高等方面的问题，而数字普惠金融本身具有普惠性、门槛低、成本低等特点，其发展有利于弥补中西部农村地区融资面临的劣势。因此数字普惠金融在金融发展水平较为落后的中西部地区对乡村振兴的影响更为显著。

6.4.2 政策建议

1. 重视数字普惠金融对乡村振兴的推动作用

数字普惠金融的发展，无论是对东部经济发达地区还是中西部经济欠发达地区的乡村振兴都有显著的正向作用。应利用数字普惠金融融资机会平等、成本较低等特点为乡村产业规模化经营、升级式发展提供必要的资金支持，促进乡村产业振兴。对数字普惠金融进行政策引导，利用其金融资源配置的能力为生态农业提供良好的融资环境，引导资金支持改善农村生态环境的项目，促进乡村生态宜居，从而进一步实现提升农民收入水平、受教育水平，改善农村地区的公共服务、治理情况，实现农民生活富裕、农村乡风文明、治理有效。

2. 因地制宜地采取普惠金融措施促进乡村振兴发展

在东部经济发达地区，金融体系和市场环境相对完善，金融资源相对集中，金融资源配置可由市场来完成，无须政府过多干预。而对于中西部地区，农村人口相对较多，融资需求大，金融资源却"嫌贫爱富"，向富裕地区倾斜，导致中西部地区金融资源的供求失衡，所以数字普惠金融的发展要联系我国目前的金融发展地区差异性的现实。

首先，通过普惠金融制度和产品创新来打通农村新型经营主体和农户获得资金的渠道，同时，国家政策性贷款适当向中西部地区倾斜。其次，政府要构建针对乡村振兴相关金融机构贷款的风险防控体系。比如建立农村新型经营主体和农户的信用评级制度、小组联保制度、政府风险补偿基金和风险熔断机制等。最后，优化农村地区的金融生态环境。加大金融知识的宣传力度，大力宣扬讲诚信的社会风气，推行守信联合激励和失信联合惩戒机制，逐步提高农户的信用意识。

3. 持续改革和深化农村金融体系

首先，健全我国数字普惠金融相关法规，促进金融资源的利用效率的提高，为农村地区的企业、居民融资提供良好的法律环境。其次，持续发展创新性农村金融机构和新型金融产品，增加农村金融供给，拓宽农户融资渠道。最后，对非正规金融、农村互联网金融加强监管，管控其经营风险，通过政策引导规范其经营，为乡村所用，引导乡村金融市场产生自下而上的适合乡村振兴融资需求的内生性农村金融制度，最大限度发挥数字普惠金融对乡村振兴发展的促进作用。

第7章 京津冀地区普惠金融发展与城乡融合研究

京津冀地区作为我国经济发展的重要核心区域，承载着我国国民经济发展的命脉，其普惠金融发展与城乡融合水平趋势更是至关重要。因此，从时间和空间维度研究京津冀地区普惠金融发展与城乡融合可以更好地认识普惠金融对城乡融合发展的作用机理，丰富普惠金融的产品与服务和城乡融合体系，根据京津冀地区的城乡融合发展差异提供不同的普惠金融产品和服务，促进资源在城乡之间充分流动，为中小微企业和涉农融资提供便利，加快推进京津冀地区的城乡融合发展。

7.1 京津冀地区普惠金融水平指数测度与分析

7.1.1 指标选取与数据来源及处理

1. 普惠金融发展水平的评价指标体系

本书结合已有的大量文献资料对普惠金融水平测度的变量选取，同时还兼顾了数据的可得性、可用性等因素，分别构建金融服务的可获得性、金融服务的使用情况和金融服务的质量情况三个指标维度，然后将其扩展为7个基础性指标、10个具体指标，如表7-1所示，以此作为2008~2017年京津冀普惠金融发展的评价指标体系。

第7章 京津冀地区普惠金融发展与城乡融合研究

表 7-1　　　　　　　　普惠金融发展水平指数的指标体系

指标维度	基础性指标	具体指标	单位	指标类型
金融服务的可获得性	地理纬度的服务渗透性	每百平方公里的银行网点人数	个/百平方公里	正
		每平方公里的银行业金融机构从业人员数	人/百平方公里	正
	人口维度的服务可得性	每万人拥有的银行业网点数	个/万人	正
		每万人拥有的银行业金融机构从业人员数	人/万人	正
金融服务的使用情况	存款情况	金融机构各项人均存款/人均 GDP 比重	/	正
	贷款情况	金融机构各项人均贷款/人均 GDP 比重	/	正
	保险情况	保险密度：保费收入/人口数量	元/人	正
		保险深度：保费收入/GDP	/	正
金融服务的质量情况	涉农贷款情况	涉农贷款占各项贷款比例	/	正
	小微企业贷款情况	小微企业贷款占全部企业贷款比例	/	正

2. 数据来源及处理

普惠金融发展水平测度的相关数据主要来源于《北京统计年鉴》《天津统计年鉴》《河北统计年鉴》《中国保险年鉴》《中国农村统计年鉴》。由于变异系数可以消除单位以及平均数不同的数据对其变异程度的影响，因此主要采用客观赋权法中的变异系数法来确定各指标权重，基本做法是：在评价指标体系中，指标取值差异越大也就越难以实现，这样的指标更能反映被评价单位的差距，相应的就应该被赋予更大的权重，各项指标的变异系数计算公式如下：

$$CV_i = \frac{\sigma_i}{x_i} \ (i=1, 2, 3, \cdots, 10) \qquad (7-1)$$

其中，CV_i 是第 i 项指标的变异系数，σ_i 是其标准差，x_i 是其平均值。

各项指标的权重为：

$$W_i = \frac{CV_i}{\sum_{i=1}^{10} CV_i} \ (i=1, 2, 3, \cdots, 10) \qquad (7-2)$$

其中，W_i 在 0-1 之间，越大代表该指标的权重越大。

各指标权重计算结果如表 7-2 所示。

表 7-2　　　　　　　　京津冀普惠金融各指标权重

指标维度	具体指标	权重
金融服务的可获得性 （总权重：0.4710）	每百平方公里的银行网点人数（d1）	0.2288
	每平方公里的银行业金融机构从业人员数（d2）	0.4623
	每万人拥有的银行业网点数（d3）	0.0647
	每万人拥有的银行业金融机构从业人员数（d4）	0.2442
金融服务的使用情况 （总权重：0.4026）	金融机构各项人均存款/人均 GDP 比重（d5）	0.3264
	金融机构各项人均贷款/人均 GDP 比重（d6）	0.2772
	保险密度：保费收入/人口数量（d7）	0.2851
	保险深度：保费收入/GDP（d8）	0.1113
金融服务的质量情况 （总权重：0.1264）	涉农贷款占各项贷款比例（d9）	0.4561
	小微企业贷款占全部企业贷款比例（d10）	0.5439

另外由于这些指标的单位以及评价标准各不相同，直接对这些数据进行后面的分析会使最终所得结果缺乏依据以及科学性，因此本书对这些指标进行了无量纲化处理。根据比较分析，本书采用极差标准

化法对各指标进行无量纲化处理，具体计算公式如下：

$$d_i = W_i \times \frac{X_i - m_i}{M_i - m_i} \quad (i = 1, 2, 3, \cdots, 10) \quad (7-3)$$

其中，d_i 表示第 i 个指标的无量纲化测度值，W_i 表示该指标的权重，X_i 表示其实际测量值，M_i 和 m_i 分别表示该指标的最大值和最小值。另外 d_i 在 $0 \sim w_i$ 的范围内，且 d_i 的值越高，代表着该地区的普惠金融发展水平越高，每个地区的指标值用 D 表示，计算结果如表 7-3 所示。

表 7-3　　京津冀各地区无量纲化后的指标值

地区	d_1	d_2	d_3	d_4	d_5
北京	0.2288	0.4623	0.0646	0.2442	0.3264
天津	0.2122	0.2086	0.0558	0.1013	0.0255
石家庄	0.1008	0.0492	0.0286	0.0268	0.0717
承德	0.0000	0.0037	0.0379	0.0569	0.0388
张家口	0.0049	0.0000	0.0474	0.0174	0.0950
秦皇岛	0.0464	0.0324	0.0401	0.0522	0.0550
唐山	0.0710	0.0435	0.0346	0.0373	0.0000
廊坊	0.0908	0.0282	0.0314	0.0084	0.0543
保定	0.0401	0.0204	0.0097	0.0135	0.0676
沧州	0.0494	0.0233	0.0086	0.0159	0.0034
衡水	0.0496	0.0291	0.0161	0.0192	0.0570
邢台	0.0518	0.0139	0.0000	0.0000	0.0506
邯郸	0.0783	0.0482	0.0013	0.0044	0.0246
地区	d_6	d_7	d_8	d_9	d_{10}
北京	0.2772	0.2851	0.0629	0.0518	0.0000
天津	0.1843	0.0926	0.0000	0.1216	0.0504
石家庄	0.1589	0.0945	0.0765	0.0000	0.1383
承德	0.1255	0.0215	0.0380	0.1373	0.4248
张家口	0.1969	0.0131	0.0425	0.3768	0.2790
秦皇岛	0.0717	0.0580	0.0439	0.3771	0.3732
唐山	0.0000	0.0694	0.0100	0.1913	0.1986

续表

地区	d_6	d_7	d_8	d_9	d_{10}
廊坊	0.2221	0.0565	0.0289	0.1438	0.2971
保定	0.0777	0.0555	0.1112	0.2721	0.3042
沧州	0.0030	0.0480	0.0501	0.4561	0.4127
衡水	0.0771	0.0168	0.0445	0.4513	0.5439
邢台	0.0896	0.0000	0.0405	0.3774	0.4081
邯郸	0.0479	0.0124	0.0318	0.2710	0.3695

7.1.2 普惠金融指数测算过程及结果

将这10个衡量京津冀普惠金融水平的指标表示成笛卡尔空间中的点，即 $D=(d_1, d_2, d_3, \cdots, d_n)$。其中，点 $O(0, 0, \cdots, 0)$ 表示普惠金融发展最差的情况；相对应的点 $W(w_1, w_2, w_3, \cdots, w_n)$ 则表示完全相反的情况，即普惠金融在每个指标上都发展得最好。因此普惠金融发展指数可以表示为点 D 与点 W 的归一化的反欧几里得距离，具体计算公式如下：

$$IFI = 1 - \frac{\sqrt{(W_1-d_1)^2+(W_2-d_2)^2+\cdots+(W_n-d_n)^2}}{\sqrt{w_1^2+w_2^2+\cdots+w_n^2}} \quad (7-4)$$

根据公式7-4可以计算出京津冀十三个地区2017年的普惠金融水平指数，结果如表7-4所示。

表7-4　　　京津冀地区普惠金融水平指数计算结果

城市	北京	天津	石家庄	承德	张家口	秦皇岛	唐山
IFI	0.77	0.398	0.239	0.11	0.1	0.21	0.168

城市	廊坊	保定	沧州	衡水	邢台	邯郸	
IFI	0.157	0.124	0.116	0.144	0.106	0.144	

从表7-4的数据结果来看,北京的普惠金融发展指数在京津冀十三个地区中最高为0.77,其次是天津和石家庄,分别为0.398和0.239,另外承德、张家口、邢台、邯郸四个地区的普惠金融指数相差不大,都处于较低的发展水平。

7.1.3 京津冀普惠金融指数分析与比较

仅从2017年的京津冀十三个地区普惠金融发展水平指数测评结果来看,北京无疑是最高的,其次是天津和河北的省会石家庄,这三个地区的普惠金融发展水平遥遥领先于其他十个地区,即河北省除石家庄外的城市。由此可以看出,京津冀十三个地区的普惠金融发展水平极度不平衡,地区之间差异巨大,并且这种差距和自身的经济发展水平有着极大的关系,经济发展水平高的地区其普惠金融发展水平也高。

根据上述方法步骤可以得出2008~2017年这十年京津冀十三个地区的普惠金融发展水平指数,具体如表7-5所示。

表7-5　　　　2008~2017年京津冀普惠金融发展水平指数

城市	2008年	2009年	2010年	2011年	2012年	2013年	2014年	2015年	2016年	2017年
北京	0.465	0.522	0.547	0.581	0.628	0.645	0.694	0.735	0.762	0.77
天津	0.216	0.236	0.245	0.244	0.248	0.259	0.273	0.331	0.375	0.398
石家庄	0.135	0.15	0.164	0.158	0.166	0.176	0.193	0.204	0.221	0.239
承德	0.058	0.067	0.074	0.069	0.076	0.08	0.09	0.104	0.11	0.11
张家口	0.048	0.068	0.067	0.073	0.081	0.083	0.075	0.084	0.096	0.1
秦皇岛	0.116	0.131	0.142	0.14	0.147	0.12	0.167	0.181	0.19	0.21
唐山	0.1	0.106	0.115	0.103	0.112	0.111	0.12	0.144	0.159	0.168
廊坊	0.097	0.105	0.112	0.113	0.119	0.119	0.119	0.137	0.151	0.157
保定	0.054	0.066	0.072	0.073	0.074	0.086	0.095	0.107	0.113	0.124
沧州	0.064	0.069	0.064	0.076	0.079	0.088	0.093	0.102	0.11	0.116

续表

城市	2008年	2009年	2010年	2011年	2012年	2013年	2014年	2015年	2016年	2017年
衡水	0.067	0.081	0.09	0.092	0.093	0.102	0.108	0.12	0.134	0.144
邢台	0.06	0.071	0.074	0.071	0.077	0.086	0.094	0.098	0.105	0.106
邯郸	0.074	0.086	0.089	0.08	0.094	0.107	0.113	0.128	0.139	0.144

从时间上看，京津冀十三个地区的普惠金融发展水平在逐年升高，其中北京是发展速度最快、发展水平最高的城市；其次是天津，前期发展缓慢但在近几年中发展水平提升得很迅速；排在最后的是河北，不仅普惠金融发展水平低，且发展速度也非常缓慢。单从河北来看，除石家庄市外，承德、张家口、邢台等几个市区远远不及北京、天津两地，也能够看出与其差距还在进一步扩大中。

总之，京津冀地区普惠金融发展区域差异非常明显。北京作为国家的政治、文化中心，不仅有着非常好的经济基础，在资源、政策、人才上也有着巨大的优势，经济发展相对发达和繁荣，而这会促使对金融服务的需求日益旺盛，另外金融环境开放使得资源的流通速度快，促进普惠金融的发展。天津的经济发展情况较北京落后，其普惠金融发展水平度也排在北京之后。至于河北的普惠金融发展情况，可以从河北地区整体经济发展都比较落后来解释，自身没有强大的经济基础，金融资源不充足的同时，其本身和金融需求也没有很好的匹配上。

普惠金融就是为各个阶层提供他们需要的金融资源，同时需要借助金融机构等中介提供金融服务，发展壮大他们的经济实力以及专业能力，普惠金融不只是作为为社会群众提供金融服务的角色，其可持续发展的特性也在影响和改变着我国金融行业的服务模式——从传统的输血式服务进化为造血式服务，为社会各个阶层提供生生不息的发展动力，在完备的政策体系以及健全的基础设施的前提下，实现金融可持续发展。普惠金融需要抓住自身的特点：覆盖人群广泛，不仅仅是弱势群体，更多包括小微企业、创业者、农民等急需金融服务的人群；包容公平，普惠金融又叫包容性金融，各个社会阶层都能够以同样合理的成本获得同样优质的金融服务，体现社会的公平公正；服务形式多种多样，除了传统的存贷款业务还有投资、理财、汇兑以及其他增值服务，可以极大满足不同的金融需求；最后是发展性，普惠金融并不是一成不变的体系，而是随着金融发展而不断改进、不断完善的金融体系，与时俱进才能真正发挥作用。

7.2 京津冀地区城乡融合水平指数测度

7.2.1 指标选取与数据来源及处理

1. 城乡融合发展水平指数的指标体系

本书结合已有的大量文献资料对城乡融合水平测度的变量进行选取，同时考虑到数据的可得性、可用性等客观因素，分别确定生活融合与经济融合两个指标维度，然后将其扩展为 8 个具体指标，以此作为 2008~2017 年京津冀城乡融合发展的评价指标体系，具体如表 7-6 所示。

表 7-6 2008~2017 年京津冀城乡融合发展水平指数的指标体系

指标维度	具体指标	指标类型
生活融合	城乡人均收入比（X1）	负
	城乡人均消费比（X2）	负
	城乡恩格尔系数比（X3）	正
	城乡社会保障覆盖率比（X4）	负

续表

指标维度	具体指标	指标类型
经济融合	城乡固定资产投资比（X5）	负
	第二三产业 GDP/第一产业 GDP（X6）	正
	城镇化率（X7）	正
	城乡居民就业比（X8）	负

2. 数据来源及处理

城乡融合发展水平测度的相关数据主要来源于《北京统计年鉴》《天津统计年鉴》《河北统计年鉴》《中国农村统计年鉴》、政府官网、《中国社会保障统计年鉴》。

为了消除不同属性指标的差异，使其具有可比性，需要对其进行同向化处理，把属性为负的指标通过取倒数的形式进行正向化处理。另外，还需要对指标进行无量纲化处理，采用零－均值规范化（Z－Score）方法对数据进行标准化处理，从而让所有指标处在同一量纲水平，计算公式如下：

$$X_{ij} = \frac{x_{ij} - \overline{x}_{ij}}{s_{ij}} \quad (7-5)$$

其中，X_{ij} 为标准化指标值，$\overline{x}_{ij}$ 为 x_{ij} 的均值，s_{ij} 为标准差。

以 2017 年的数据为代表，处理完后结果如表 7－7 所示。

表 7－7　　　城乡融合发展指标处理后的标准化数据

城市	X1	X2	X3	X4	X5	X6	X7	X8
北京	2.52	2.41	1.55	0.29	0.67	1.5	2.83	1.32
天津	1.53	1.33	1.48	1.13	1.61	1.42	1.27	0.29
石家庄	0.79	1.44	1.36	0.34	1.76	0.26	0.34	0.33
承德	0.27	0.48	0.09	0.31	0.08	0.29	0.12	0.72
张家口	0.24	0.39	0.07	0.55	0.33	2.45	0.17	0.14

续表

城市	X1	X2	X3	X4	X5	X6	X7	X8
秦皇岛	0.96	0.42	0.56	0.01	0.25	0.10	0.01	0.53
唐山	0.88	1.45	0.41	0.22	1.01	0.43	0.32	0.37
廊坊	0.82	0.64	0.07	1.23	1.72	0.15	0.29	0.36
保定	0.87	0.7	0.81	0.59	0.43	0.34	0.72	0.11
沧州	0.23	0.11	0.82	0.19	1.09	0.07	0.48	0.57
衡水	0.08	0.72	0.99	0.62	2.02	1.14	0.73	0.51
邢台	0.17	1.05	0.61	0.43	0.82	0.54	0.6	0.39
邯郸	0.21	0.97	0.13	0.42	0.18	0.03	0.26	0.29

7.2.2 城乡融合指数测算过程及结果

本书主要通过 SPSS 软件中的主成分分析功能测度城乡融合发展水平，主成分分析方法能够在原始指标信息量损失最少的前提下降低维度，将所有指标整合成几个具有代表意义的独立的综合指标，并赋予其客观权重，这样就可以极大程度简化数据，提高数据的分析处理效率。

1. 确定主成分个数

根据主成分分析法要求所有主成分的累计贡献率超过80%以及特征根大于1的原则，可以确定主成分数量，这时候可以认为主成分已经提取了原始指标数据的大部分信息量，因此得到表7-8。

表7-8 解释的总方差

主成分	初始特征值 合计	贡献率（%）	累计贡献率（%）	旋转平方和转入 合计	贡献率（%）	累计贡献率（%）
1	7.145	57.208	57.208	5.324	67.185	67.185
2	2.821	21.662	78.870	2.793	19.932	87.117

续表

主成分	初始特征值			旋转平方和转入		
	合计	贡献率(%)	累计贡献率(%)	合计	贡献率(%)	累计贡献率(%)
3	1.037	13.729	92.599	—	—	—
4	0.426	4.893	97.492	—	—	—
5	0.117	2.078	99.570	—	—	—
6	0.023	0.301	99.871	—	—	—
7	0.012	0.109	99.980	—	—	—
8	0.005	0.020	100.000	—	—	—

由表7-8可以看出，前两个主成分的主成分旋转平方和转入方差累计贡献率达到87.117%，超过了要求的80%标准，因此选取两个主成分F1和F2，意味着可以反映全部信息量的87.117%。

2. 主成分分析结果

将上面标准化的数据进行主成分分析，可以得到主成分得分的系数矩阵，具体如表7-9所示。

表7-9　　　　　　　　　主成分得分系数

指标	主成分	
	F1	F2
X1	0.235	0.147
X2	0.276	0.274
X3	-0.237	0.323
X4	-0.373	0.302
X5	-0.361	0.079
X6	-0.182	-0.195
X7	0.042	0.188
X8	-0.748	0.527

第7章 京津冀地区普惠金融发展与城乡融合研究

$$F1 = 0.276 \times X2 - 0.373 \times X4 - 0.361 \times X5 - 0.748 \times X8$$

$$F2 = 0.147 \times X1 + 0.323 \times X3 - 0.195 \times X6 + 0.188 \times X7 \quad (7-6)$$

由此可以得出，主成分 F1 主要代表城乡人均消费比 X2、城乡社会保障覆盖率比 X4、城乡固定资产投资比 X5、城乡居民就业比 X8 的大部分信息，主要反映的是城乡居民消费以及就业还有城乡保障的情况，因此可以将 F1 作为城乡生活融合的综合性指标；主成分 F2 主要代表城乡人均收入比 X1、城乡恩格尔系数比 X3、第二三产业 GDP/第一产业 GDPX6、城镇化率 X7 的大部分信息，主要反映城镇化发展状况以及城乡居民收入状况还有城乡投资方面的情况，因此可以将 F2 作为城乡经济融合的综合性指标。

之后将各个指标的数据标准值带入上述公式，就可以得出京津冀各地区的主成分得分结果，具体如表 7-10 所示。

表 7-10　　　　　　京津冀各地区的主成分得分

城市	F1	F2
北京	2.003	1.696
天津	1.153	1.219
石家庄	0.659	0.541
承德	0.051	0.147
张家口	0.108	0.196
秦皇岛	0.567	0.410
唐山	0.406	0.421
廊坊	0.255	0.182
保定	0.150	0.271
沧州	0.079	0.154
衡水	0.115	0.105
邢台	0.027	0.061
邯郸	0.106	0.158

由表 7-10 得出的结果可以判断各个主成分的高低优劣，得分大于零且得分越高，说明该指标的发展越好，反之亦然。通过分析表 7-10，就京津冀各地区的得分情况，可以直观地看出，在城乡生活融合方面，北京地区的发展水平最高，天津落后于北京，承德、沧州、邢台地区的城乡生活融合发展水平与北京、天津相比差距较大，城乡生活融合水平在京津冀地区处于最低。至于城乡经济融合方面，北京和天津地区的发展水平比较接近，发展水平都处于京津冀地区的高水平，张家口、衡水、邢台地区城乡经济融合发展差距较大，城乡经济融合度最低。

之后将这两个主成分 F1 和 F2 合成一个线性组合，即以每个主成分 F_i 的方差贡献率 α_i 作为权数构造综合评价函数：$F = \alpha_1 F_1 + \alpha_2 F_2$，因此京津冀城乡融合发展指数水平的综合评价函数，具体计算公式如下：

$$F = 67.185 \times F_1 + 19.932 \times F_2 \tag{7-7}$$

将表 7-10 中的京津冀各地区的主成分 F1 和 F2 的得分值代入公式（7-7）就可以计算出京津冀十三个地区 2017 年城乡融合发展的综合指数得分情况，具体结果如表 7-11 所示。

表 7-11　　京津冀地区城乡融合发展的综合指数得分情况

城市	北京	天津	石家庄	承德	张家口	秦皇岛	唐山
得分 F	168.376	101.761	55.058	6.356	11.163	46.266	35.668
城市	廊坊	保定	沧州	衡水	邢台	邯郸	
得分 F	20.760	15.479	8.377	9.819	3.030	10.271	

由表 7-11 可以明显看出，2017 年京津冀十三个地区的城乡融合发展水平如果分为三个层次的话，北京、天津两地的城乡融合发展水平最高，处于第一层次；至于第二层次，石家庄、唐山、廊坊三个地区的城乡融合发展水平较好，落后于第一层次北京、天津；剩下的承

德、张家口、秦皇岛、保定、沧州、衡水、邢台、邯郸这些地区的城乡融合发展水平综合指数都处于负的状态，说明这些地区的城乡融合发展水平较低。

7.2.3 京津冀城乡融合指数分析与比较

从2017年的京津冀十三个地区城乡融合发展水平指数结果来看，北京的城乡融合发展水平是京津冀地区中最高的，其次是天津和石家庄、唐山这几个地方，这些地区的城乡融合发展水平遥遥领先于京津冀其他地区。由此可以看出，京津冀十三个地区的城乡融合发展水平也是非常不平衡的，地区之间差异比较大。

根据上述方法步骤可以得出2008～2017年这十年京津冀十三个地区的城乡融合发展水平指数，具体如表7-12所示。

表7-12　　2008～2017年京津冀城乡融合发展水平指数

城市	2008年	2009年	2010年	2011年	2012年	2013年	2014年	2015年	2016年	2017年
北京	129.653	135.335	139.750	143.614	146.727	150.767	153.811	158.822	162.626	168.376
天津	70.642	74.532	78.547	82.411	87.115	90.238	93.086	96.457	99.750	101.761
石家庄	29.319	33.258	37.352	39.169	41.038	44.105	47.081	51.020	53.936	55.058
承德	1.978	2.291	2.890	3.179	3.770	4.012	4.771	5.019	5.848	6.356
张家口	1.075	2.887	4.790	5.841	6.822	7.843	8.570	9.575	10.679	11.163
秦皇岛	15.028	19.987	22.019	26.888	29.788	33.356	37.763	41.714	44.724	46.266
唐山	10.775	13.625	17.606	19.355	22.326	25.291	28.202	30.328	33.400	35.668
廊坊	2.703	3.545	4.492	7.410	10.311	12.305	15.136	17.210	19.293	20.760
保定	2.683	3.902	5.077	6.839	8.721	10.874	11.832	12.846	14.892	15.479
沧州	1.101	2.977	3.785	4.287	4.811	5.791	6.315	7.079	7.881	8.377
衡水	3.117	4.532	5.109	6.076	6.596	7.205	8.361	8.982	9.105	9.819
邢台	0.052	0.078	1.089	1.283	1.576	1.873	2.108	2.428	2.788	3.030
邯郸	2.077	3.256	4.144	5.094	5.966	7.162	8.038	9.084	10.016	10.271

从时间上看，京津冀十三个地区的城乡融合发展水平在逐年提高，其中北京是发展速度最快、发展水平最高的城市；其次是天津，前期发展缓慢但在近几年中发展水平提升得很迅速；排在最后的是河北省的各市区，不仅城乡融合发展水平低，且发展速度也非常缓慢，远远不及北京、天津两地。

总的来说，京津冀地区城乡融合发展近十年来都呈上升的趋势，但不可忽略的是城乡二元结构的问题还是没有彻底得到解决。京津冀各地区的城乡发展水平在这十多年里还是存在明显的差距，北京和天津与河北省的各个地区发展差距较大。北京和天津这样本身经济发展良好的城市，同时也是我国重点发展区域，会吸引周边的资源向其靠拢，城乡差距相对较小，城乡融合水平也就相对较高，而河北区域由于地理位置差、经济基础薄弱、资源不充足等各种主客观原因，城乡差距较大，城乡融合发展水平也较低。

党的十九大作出了重大决策部署，城乡融合发展是习近平新时代中国特色社会主义思想的重要组成部分，也是国家现代化的重要标志。长期以来，我国城市与农村之间存在很深的体制鸿沟，城乡居民在生活环境、公共服务、收入消费等方面存在长期的差距，尽管这些年随着一系列的政策和改革，城乡差距有所遏制，但不容忽视的是城乡发展不平衡仍然是最大的不平衡，农村发展不充分仍然是最大的不充分。另外也必须清醒地认识到，财政补贴替代不了改革，局部改革也替代不了全面改革，如果要实现两个一百年奋斗目标以及乡村振兴战略目标，就势必要彻底破除城乡二元体制和二元结构，顺应城乡融合大趋势，重塑城乡关系。我国城乡发展不协调不平衡的矛盾虽然非常突出，但这种矛盾也意味着潜力，要知道，如期并高质量地实现第一个百年奋斗目标，最大的潜力和后劲都在农村。乡村大量没有得到充分利用的闲置资源要素一旦能够与外面的大市场相对接，一定可以得到相当可观的成果。比如，城乡不同产权的建设用地一旦纳入城乡统一的大市场，将大幅降低实体经济的用地成本，普惠性增强制造业和服务业的竞争力，有力地继续发挥我国制造业在世界范围内的成本优势；乡村旅游、生态农业和高效现代农业设施的发展在经济下行中对农民的增收非常的重要，有利于满足城市日益庞大的消费需求，这样可以有效刺激广大农村的内在需求。

7.3 京津冀普惠金融发展与城乡融合的实证分析

7.3.1 变量的描述性统计分析

本书选取 2008~2017 年这十年京津冀地区十三个地区的相关数据，研究京津冀地区普惠金融发展对城乡融合发展水平的影响。

本书的被解释变量为城乡融合发展水平，而衡量城乡融合发展水平的是前文所求的京津冀地区城乡融合水平指数，因此模型选取城乡融合指数 URI 为被解释变量。解释变量为上文所求的普惠金融发展水平指数 IFI。本书考虑到，为了使实证检验结果更为合理，需要尽可能控制其他影响因素，因此选取公路里程数 HM、人均 GDP 作为控制变量，其中人均 GDP 已经做了取对数处理，因此后文的 GDP 都表示取了对数以后的人均 GDP，变量的描述性统计如表 7-13 所示。

表 7-13　　　　　　变量的描述性统计

Variable	Obs	Mean	Std. Dev.	Min	Max
URI	130	29.753	41.965	0.052	168.376
IFI	130	0.164	0.152	0.048	0.77
GDP	130	10.527	0.551	9.568	11.768
HM	130	15853.93	4107.065	8397	22553

7.3.2 实证检验过程

1. 提出假说

首先提出相关假说：京津冀地区普惠金融发展和城乡融合水平呈正相关。为了验证假说，本书构建静态面板数据模型观察京津冀地区普惠金融对城乡融合发展水平的影响，在作回归之前，需要进行面板单位根检验观察数据的平稳性、Hausman 检验来确定是用随机效应模型还是固定效应模型，具体过程如下：

2. 面板单位根检验

鉴于被解释变量与解释变量之间有可能出现伪回归的情况，因此本书首先对研究对象进行了面板单位根检验，本书分别采用单位根检验中比较大众的 LLC 检验和 IPS 检验，检验结果如表 7-14 所示。

表 7-14　　　　　　　　面板单位根检验结果

变量	URI	IFI	GDP	HM
LLC	-7.5609 (0.00)	-2.9356 (0.0017)	-0.8854 (0.1880)	-3.4626 (0.0003)
IPS	-2.6822 (0.0037)	-0.5812 (0.1806)	-2.7984 (0.0026)	-1.1235 (0.1306)

由表 7-14 可知，模型中所涉及的变量 URI、IFI、GDP 和 HM 均通过了平稳性检验，可以视为平稳序列。

本书通过 Hausman 检验来确定使用固定效应模型还是随机效应模型。Hausman 检验假设为：非检测的个体效应与解释变量无关，应采用随机效应模型；非检测的个体效应与解释变量有关，应采用固定效应模型。

卡方检验结果为 38.271，对应的 p 值为 0，因此本书拒绝原假设，采用固定效应模型。

3. 回归过程及结果分析

为了分析普惠金融发展水平对城乡融合发展的影响,在对面板数据进行单位根检验和 Hausman 检验的前提下,利用 Stata 软件构建静态面板数据的模型,具体如下所示:

$$URI_{it} = \alpha_i + \beta_1 IFI_{it} + \beta_2 GDP_{it} + \beta_3 HM_{it} + \varepsilon_{it} \quad (7-8)$$

其中,URI_{it} 是被解释变量城乡融合发展指数,IFI_{it} 是核心的解释变量普惠金融发展指数,GDP_{it} 和 HM_{it} 作为控制变量分别表示人均 GDP 的对数形式和公路里程数,ε_{it} 为随机误差项,下标 i 表示地区,t 表示年份。模型的回归结果如表 7-15 所示。

表 7-15　　　　普惠金融指数对城乡融合指数的回归结果

URI	Coef.	St. Err.	t-value	p-value	[95% Conf	Interval]	Sig
IFI	138.388	10.784	12.83	0.000	117.252	159.523	***
GDP	8.670	2.134	4.06	0.000	4.488	12.852	***
HM	4.890	3.075	2.16	0.074	2.041	7.511	
Constant	-83.365	19.774	-4.22	0.000	-122.122	-44.608	***
Mean dependent var		29.753		SD dependent var		41.965	
Overall r-squared		0.949		Number of obs		130.000	
Chi-square		465.013		Prob > chi^2		0.000	
R-squared within		0.797		R-squared between		0.971	

注:*、**、*** 分别表示在10%、5%、1%的显著性水平下拒绝原假设。

由表 7-15 的面板数据回归结果可以看出,京津冀地区普惠金融的发展指数水平对城乡融合发展指数水平具有非常明显的正效应,普惠金融指数每增加1,城乡融合指数平均增加138.388;人均 GDP 和公路里程数也对城乡融合发展有一定的正效应,可以看出,普惠金融的发展和经济的发展都可以有效促进城乡融合的发展进程。普惠金融概念的提出，就是为了保证能够为社会各阶层和群体提供适当、有效的金融服务，其中小微企业、农民、城镇低收入人群等弱势群体是其重点服务对象，其目的是为了改善我国当前金融资源配置不均衡的状态，使金融资源向落后地区流动，使低收入等弱势群体享受到同等的金融服务，最终能缩小城乡之间的收入差距。可以说普惠金融体系的建立，对于实现城乡融合发展，具有非常重要的现实意义，而想要普惠金融体系能够高效地发挥作用，离不开政府的大力支持，因此政府也需要出台有力的普惠金融政策来助力普惠金融的发展，加大力度推进普惠金融的发展，充分发挥普惠金融对京津冀城乡经济协调发展的作用。

7.4 京津冀普惠金融发展促进城乡融合的对策建议

7.4.1 加强京津冀地区之间的普惠金融合作促使更多金融资源回流农村

根据前文对京津冀地区普惠金融水平指数的测度结果来看，京津冀地区普惠金融发展水平的不平衡主要体现在地区之间的发展不平衡，也就是京津和河北的差距在逐年扩大。应该加强地区的产业经济之间的合作，在京津冀地区协同发展经济的同时削弱城乡差距，逐步迈向城乡融合。当然，地区之间想要自由开展多方面合作是离不开宽松的市场与政策环境的，因此京津冀相关部门需要积极完善金融政策，提高地区之间的信息共享程度，这样才能更有效率地合理分配金融资源，并敦促金融机构根据农村金融需求的异质性，开发针对性的金融产品，满足农村、农业、农民的金融需求，带动农村经济发展，促进城乡差距缩小，实现城乡融合发展。

另外，京津冀中北京和天津作为普惠金融发展起步较早、发展程度较深的地区，可以作为领头羊带领河北等周边地区，发挥引导的作用，在金融产品开发、金融资源对接、金融科技深度应用方面展开更广泛的合作，改善金融资源的供给端，通过服务于"三农"促进城乡融合发展。

7.4.2 通过完善社会征信制度和健全普惠金融体系服务实体经济

普惠金融的重点服务对象是小微企业、农民、城镇低收入人群等弱势群体，这些群体大而微，想要享受到公平同等的金融服务就势必有良好的信用，让金融机构能够放心的为其提供金融服务和资源。从前文对京津冀普惠金融发展水平这十年来的变化可以看出，尽管这十三个地区十年来普惠金融发展水平确实总体呈上升的趋势，但可以明显看出，其他地区的普惠金融发展水平远不如北京，这就可以看出普惠金融的覆盖率非常不足，而普惠金融想要发挥出理想的作用，完善的征信制度是不可或缺的。

未来可以更加充分地利用和发挥互联网平台，通过大数据等相关互联网技术来有效的解决普惠金融服务主体与服务对象之间的信息不对称问题，加强征信体制建设，才能有效减少信息不对称带来的借贷双方的损失，金融机构放贷时不会通过提高利息来保障自身的资金安全，贷款主体也不会因为这种做法超过承受范围而出现赖账行为，因此建设良好健全的社会征信制度势在必行。对于信用良好的小微企业，可以适当给予税收补贴这类直接的利益相关政策，引导激励企业自身规范行为，维护信用；至于个人，可以将一些关乎切身利益的社会活动纳入征信体制的考查范围，比如买房买车、出行购票等，鼓励群众自觉遵守信用，加强诚信意识。这样一来，小微企业和个人都能够培养良好的信用意识，认识到自身的征信对参与社会金融活动有着重大影响，自觉维护自身的信用，才能使市场经济持续健康发展，金融资源得到良性循环。

7.4.3 加大京津冀经济协同发展以促进城乡融合

从前面的分析可以看出，经济发展对城乡融合发挥明显的正向作用，经济发展水平高的地区城乡融合情况也较好，可以说经济发展是城乡融合的重要动力。京津冀之所以在城乡融合方面存在巨大的差异，其根本也在于经济水平存在巨大差异。党的十九大作出了重大决策部署，建立健全城乡融合发展体制机制和政策体系。城乡融合发展是国家现代化的重要标志，必须彻底破除城乡二元体制和结构，顺应城乡融合的大趋势，才能解决发展不平衡不充分的主要矛盾。京津冀地区的政府以及相关部门应该根据京津冀协同发展战略规划，切实落实各种措施，促进京津包括金融资源在内的优质资源向河北输出，促进河北的产业升级。河北则需要积极稳妥有序准备和安排承接北京非首都功能疏解，升级相应的制度与服务，为进一步吸引更多的人才、企业、产业、市场提供环境。在经济发展的基础上，政府可以在人员、空间、公共服务、产业等方面做出相关的政策扶持。

首先在人员方面，应该让进城务工人员享受到同等的服务和福利，在为城市做贡献的同时更有归属感，同时在城市居民到农村建设的时候生活待遇有保障，使得城乡人口的流动和结构合理化；其次在空间方面，政府可以结合实际情况合理、全面的规划城乡空间，舒缓城市的拥挤状况的同时充分利用农村的大量闲置资源；再次在公共服务方面，相对于教育、医疗、住房、基础设施等公共资源比较丰富完备的城市，乡村更加需要相关政策的支持来提高公共服务的水平，让资源适当流入乡村，这样无论是在城市还是乡村，居民都可以享受到同等的待遇和保障；最后在产业方面，政府可以提供便利的渠道使得城乡互为供求双方，乡村可以为城市提供新鲜的农产品以及绿色健康的环境，同时需要城市提供先进的技术、高端的设备以及科学的理念，这样城乡可以在互补的同时更好地融合发展。

第四篇

金融科技创新与监管

第 8 章

金融科技创新展望

8.1 数字货币的创新与发展

8.1.1 数字货币的发展状况

1. 数字货币呈现爆发式增长

在分布式账簿技术的普及和数字货币价格暴涨等因素推动下,以比特币为代表的全球数字货币呈现出爆发式增长的态势。截至 2019 年 6 月,全球数字货币种类超过 2218 种,合并市值 2564.67 亿美元,其中前十大数字货币的总市值达到 2211.68 亿美元,占数字货币总市值的近 86.24%,而市值排名第一的比特币市值占比高达 55.78%(如表 8-1 所示)。

表 8-1　　全球十大数字货币情况(截至 2019 年 6 月 4 日)

名称	规模 (亿美元)	价格 (美元)	日成交量 (亿美元)	日价格变动 (%)
Bitcoin	1430.25	8062.66	231.36	-7.31
Ethereum	265.93	250.06	97.42	-7.14

续表

名称	规模 （亿美元）	价格 （美元）	日成交量 （亿美元）	日价格变动 （%）
XRP	177.09	0.42	26.65	-6.87
Bitcoin Cash	71.49	401.22	22.27	-9.80
Litecoin	65.64	105.75	40.22	-8.01
EOS	62.20	6.78	41.50	-11.25
Binance Coin	43.50	30.81	4.25	-5.47
Bitcoin SV	39.75	223.09	12.02	0.27
Tether	31.27	1.00	240.4	-0.64
Stellar	24.30	0.13	4.57	-9.4

资料来源：https://coinmarketcap.com/，经作者整理得来。

2. 数字货币发行机构日益丰富

从数字货币发行现状看，数字货币的主要发行方是私人部门。金融机构、大型电商平台等也正积极探索开发数字货币。国际大型银行在探索数字货币方面已先行一步，瑞士银行、德意志银行、桑坦德银行及纽约梅隆银行宣布联手开发数字货币。日本三大金融集团三菱日联、三井住友和瑞穗对外公布将开发数字货币，前期主要用于结算方面。日本电商巨头乐天宣布推出数字货币"乐天币"，目的是构建"无国界"的数字代币以此减少传统国际支付的交易和货币兑换费用。而近年来，各国央行也加入了法定数字货币的研究和发行：英国、加拿大、日本等发达国家已经开展了多年研究，2020年7月，立陶宛全球首发了法定数字货币。2017年年末，中国人民银行组织部分商业银行和有关机构共同开展数字人民币体系（DC/EP）的研发，2021年7月，数字人民币试点已经有序扩大至"10+1"，即"10个城市+1个冬奥会场景"。

8.1.2 数字货币存在的问题及风险

1. 数字货币币值频繁波动给金融稳定带来负面影响

由于数字货币的发行往往缺乏信用基础，其币值也因此缺乏稳定性。近年来，在区块链概念被热炒的背景下，比特币作为区块链的典型应用受到了投资者的热捧，币值飙涨。截至 2019 年 6 月 4 日，1 比特币的价值是 8062 美元，而比特币在诞生之初时，第一笔比特币交易的币值仅为 0.0025 美元。由于数字货币不是建立在实体经济基础之上的，可以说是一种金融创新衍生产品，受不确定性因素的影响较大。

2. 交易匿名性易被用于洗钱等违法活动

由于数字货币的匿名性、无时间和空间限制等特点，易被用于洗钱、毒品交易、恐怖活动等违法行为。2017 年 7 月，美国、英国等联合开展行动关闭了全球最大的黑市交易网站 Alpha Bay。据统计，在大约两年的时间里，利用 Alpha Bay 网站进行毒品、武器、黑客等相关交易涉及的数字货币规模超过 10 亿美元。

3. 数字货币被盗事件层出不穷

尽管数字货币有区块链技术，但由于数字货币发展时间较短，支撑其发行、运营和储存的金融基础设施不够完善，导致数字货币被盗事件层出不穷。2014 年 2 月，当时全球最大的比特币交易平台 Mt. Gox 出现巨额盗窃事件，被盗比特币市值约 4.8 亿美元，而这也导致 Mt. Gox 陷入破产。2018 年 1 月，日本最大的比特币交易所之一——Coincheck 受到黑客攻击，被盗数字货币价值达 463 亿日元。此外，意大利等国也曾发生过数字货币被盗事件。频繁发生的数字货币被盗事件不仅给数字货币持有者带来巨大的经济损失，更导致公众对数字货币的安全性产生怀疑。

4. 数字货币缺乏统筹监管影响消费者利益保护

数字货币是新兴事物，且发展较快，当前各国的监管框架难以及时、有效地对数字货币进行规范。当前全球对于数字货币的本质并没有形成统一的认知，各国及其政府部门多从自身机构的职能出发对数字货币进行监管，缺乏有效的统筹，从而导致监管真空。此外，在用数字货币进行交易时，由于交易的去中心化、匿名性和不可篡改性，一旦交易存在问题，即使有合法的还款请求，若没有当前持有人的自愿转移，也没有办法强制将数字货币交还，消费者难以追回其损失。

8.1.3 数字货币监管的法律路径

在流动性宽松与热钱外流背景下，降低金融风险是重中之重的任务。悖离了原始交易的需要而演化为投机性工具的数字货币亟待规范化、法律化的金融监管。以比特币为代表的数字货币不断冲击着现有金融与法律制度的边界，加强对各类数字货币的监管是维护金融消费者权益的需要，也是政府履行法定的金融监管职能、维护市场金融秩序稳定的需要，更是维护国家货币主权的需要。实践中，我国监管部门已明确比特币交易平台应当"全部关停"。此外，应当正视与反思的是，不应只简单强调金融管制，更应当寻求法律强制与行政疏导的平衡点，在包容性监管理念的指导下，践行金融安全与金融效率辩证统一的法律原则，明晰公权介入的合法化路径，完善金融监管的法律供给，促进法律法规的协调性建设，同时加强对金融消费者的教育，推进金融消费者由投机向投资行为的衍变。

1. 包容性理念下金融监管原则的反思与重构

包容性理念是现代社会对传统经济发展方式的反思，是摆脱"人对物过度的依赖关系"，逃离"现代性悖论"，实现人与社会和谐共生的必然选择。只有包容性的制度才有可能激发各种发展潜力，并造就经济增长的持续繁荣。包容性监管理念囊括了差异化监管、适度监管和柔性监管的理念内涵。对金融监管的法律原则而言，践行包容性理念，应当坚持金融安全与金融效率辩证统一的原则。

践行金融安全与金融效率辩证统一的原则,细致地说就是当金融在市场风险加剧时,更强调风险防范;而在市场活力不足时,则鼓励金融创新。监管程度的变化反映了不同时期差异化监管的动态需要。在比特币监管的过程中,正是基于鼓励金融创新的目的,政府才会在比特币发展初期默许支持比特币的发展,实行适度监管和柔性监管;正是怀着风险防范的目标,政府才会在比特币发展脱离了正常轨道时颁布法律法规,强调比特币活动的合规化运作。金融监管的目标之一就是实现金融秩序的和谐稳定,单纯倚重效率原则或者安全原则都是不足取的。金融安全与金融效率的辩证统一原则更能体现时代需要,满足特定的社会目标,适应现实发展。因此其应当是金融监管基本的法律原则之一。在包容性理念的指导下,以金融安全与金融效率辩证统一的法律原则指导数字货币的监管活动,矫正市场失衡框架,限制公权过度干预,这既能满足促进经济增长的效率要求,也能满足维护金融稳定的安全需要,从而实现政府与市场的和谐共生。

2. 完善金融监管的法律供给并促进法律法规的协调性建设

考虑到数字货币领域金融监管的法律资源相互冲突的现状,有必要加强金融监管法律法规的协调性建设。这不单纯是加强比特币监管的需要,也是金融监管法律法规体系化的必然选择。现阶段我国金融监管的立法仍秉持着"分散式"的传统,并无一部具体明确的金融监管法。鉴于我国金融发展的历程较短,金融监管的经验与技术仍有待提高,草率地制定一部并不完备的金融监管法似乎不是一个明智的选择。"分散式"的金融监管立法仍然是符合现实的最佳选择。但是"分散式"立法缺乏对基本问题的重视,有必要厘定金融监管法的基础性内容,完善金融监管的框架性认知。

要完善金融监管的法律理论,优化数字货币的金融监管,应当注意几个层次。第一,通过明晰《人民银行法》《商业银行法》中关于金融监管的法律内容,明确干预主体的职权与责任,厘定干预程序,规范干预手段,限制干预范围,使国家对数字货币的干预在法律既定轨道上合法化运转。第二，要避免金融监管立法中的错误倾向，拒绝政府的立法惯性和过度干预。过度的立法干预不仅会破坏原本的市场平衡，而且难以付诸实践，影响政府权威。第三，要保持法律与法律、法律与法规、立法与实施之间的协调，防范冲突的可能性。金融监管法律的制定要具有理论前瞻性，保持科学合理的方针政策，防范可能出现的法律冲突。同时，金融监管法律的制定要顾及社会主体的承受能力，考虑社会的客观情况，不能单纯地以制定主体的主观臆想为出发点，而应以维护金融秩序的利益为出发点，从而保证实施的可行性和有效性。这不仅是加强数字货币监管的实践需要，亦是金融监管法律由零散化向体系化嬗变的要求。

3. 加强金融消费者教育，引导金融投机者向金融投资者的角色转变

数字货币的市场风险加剧与其价格的暴涨密切相关，金融投机者在其中起到了推波助澜的作用。要防范金融市场风险，维护金融秩序的稳定运行，对金融消费者的教育很有必要。研究表明，虽然目前我国居民家庭接受金融教育的比重和意愿均不断提高，但是金融教育的获取途径仍然以自我搜索为主。国家政府部门角色缺位的现象十分明显，有必要充分增加政府部门和社会组织的金融教育供给，实现金融消费者自我教育与他方教育的有机结合。

考虑到我国"大政府、小社会"的历史背景和文化土壤，强调发挥政府部门的主要引导作用是现阶段加强金融消费教育的关键。金融消费者教育应当以维护金融消费者权益为出发点，以预防性教育为主，针对金融消费者的行为特征对症下药。如金融消费者短期的追涨行为加剧了市场上比特币价格的上扬，抛售行为又加剧了比特币价格的波动，其盲目性和短视性是显而易见的。现阶段以"一行两会"为首的金融监管部门设立了不同的金融消费者保护机构，并依据法定职责开展了特定的金融知识普及工作，但这远远不够。金融消费者教育的科学性与针对性不足，导致了金融消费者教育的有效性大打折扣。金融消费者教育的完善有赖于各部门的联动。应当由教育部、财政部、"一行两会"等部门联合议题、共管共抓。其中,"一行两会"的主要职责应当结合金融专业知识与金融消费者心理,从防治金融市场乱象与长远发展的角度编制金融消费者教育手册,以普及金融知识;教育部的主要职责是,结合受教人群的特点与教育经验,开发金融消费者教育材料,并推动金融消费者教育融入国民教育体系与学校课堂之中;财政部的主要职责是,分析金融消费者教育的情势与计划,审核批准金融消费者教育预算,加大金融消费者的培育投入,为金融消费者教育提供财政助力。

经济学的理论和实践已充分证明市场和政府两种机制的校正和弥补是双向的、相互的。金融消费者教育的完善不能仅仅依靠政府部门的影响作用,也应发挥市场上金融组织与行业协会的积极作用。金融机构作为前沿的交易主体,在防范金融风险上具有直接的优势。对于金融机构而言,应合理配置风险教育的宣传人员,践行涉及数字货币交易的风险提示(包括市场风险、政策风险等各项内容),规范金融交易的行为与秩序。如若发现可能涉及诈骗等内容,更应当及时向金融消费者澄清现实,以更正特定金融消费者的不良理念,制止其不当消费。对于银行、证券、保险等行业协会而言,则应规范成员单位所负有的在金融消费者教育方面的义务,明确金融消费者教育的规范,指引监督金融机构合理教育金融消费者。与此同时,发挥行业协会的专业优势,为政府决策建言献策,配合政府部门进行金融消费者的教育工作,保证政府部门金融消费者教育决策的科学性与合理性。

8.2 科技赋能场景金融

8.2.1 大数据应用场景

随着大数据技术的发展,企业通过数据寻找业务规律,对客户需求进行挖掘，进而为优化客户关系管理和营销推广等工作带来价值，让数据更好地支持业务、支持运营，给业务带来更直接的价值，帮助业务进行优化和提升，所以数据成了企业的一项宝贵资产，掌握数据量最大的信息技术部门也逐渐成为企业的利润中心。

金融机构长期以来处于产业层次的顶层，掌握着更加全面和有价值的客户信息、金融数据和其他数据，因此对数据驱动商业、分析挖掘其价值显得尤为迫切。从战略方向上讲，依托大数据进行风险管理将避免决策人员根据经验主观判断进行决策和信息不对称所导致的风险，同时也可以在数据量和数据分析需求日益增加的挑战下，依托大数据、云计算和高性能计算机等技术建立一套"数据驱动型"业务模式和数据运营中心。

1. 主体信用风险评估

主体信用风险评估的典型代表如芝麻信用评分，芝麻信用是蚂蚁金服旗下独立的第三方征信机构，通过云计算、机器学习等技术客观呈现个人的信用状况，已经在信用卡、消费金融、融资租赁、酒店、租房、出行、婚恋、分类信息、学生服务、公共事业服务等上百个场景为用户、商户提供信用服务。

芝麻信用评分是对一个人的信用状况进行综合评估的产品，评分范围从350到950，分值越高代表信用越好。每个用户的芝麻信用评分计算需获得用户的授权。芝麻信用评分主要解决信贷、租赁、交易等场景中用户的违约风险识别问题。如在银行的信贷或发卡场景中，芝麻信用评分对用户的信用风险有很强的区分能力，可作为做出通过/拒绝决策的参考。

2. 反欺诈识别

随着互联网金融的蓬勃发展，很多金融机构开通了网上服务，仅需申请人在网上填写个人信息进行申请，业务机构往往通过电话、第三方来验证这些信息是否真实，需要耗费大量的人力、财力。白骑士反欺诈云服务是科技赋能反欺诈识别的典型代表，深圳白骑士科技有限公司成立于 2016 年 1 月，核心团队来自招行、招联、腾讯、华为的一批 Fintech、反欺诈、大数据、高性能计算专家和金融高管，专注于为银行、消费金融、保险、信托、互联网金融等客户提供智能风控解决方案，旨在解决新金融生态下的风险痛点。白骑士反欺诈云服务是针对线上申请业务风险，帮助商户直观量化其信息真实性和可信度，对用户申请信息的欺诈风险进行量化评分，衡量其可能的欺诈风险大小。

由于长尾客户缺乏充足的征信记录，同时贷款额度均在 2000～5000 元之间，很少有超过 20000 元的额度，在还款能力上基本可以保证，因此申请审核的关键在于帮助商户识别虚假申请风险，屏蔽还款意愿差的客户。商户可以基于用户提供的信息（至少输入姓名、身份证号码两项信息），通过申请欺诈评分的后台评分模型，量化用户信息的风险程度。

3. 失联人信息补全

当贷款人逾期后往往会面临催收问题，而催收中最常见的困难就是客户失联。据统计，在逾期 3 个月以上的客户中，失联客户至少占到 70% 以上，而一旦找到失联人，则催收成功的概率就提高了 50%。失联的发生主要是因为债务人恶意欺诈骗贷或者不堪催收压力，也有可能是催收管理不当造成信息丢失。无论哪种情况发生，都意味着商户面临款项坏账或催收成本上升的问题。传统的失联人信息修复主要依靠拨打 114 查找、互联网信息搜集、黄页、联系人沟通、社交平台、社保、征信报告等公开信息，这种方法不但工作量大，而且收效不明显，因为一旦失联人信息丢失就会造成之前登记信息、互联网痕迹等失效。

依托大数据风控手段可以通过分析联系人关键节点准确判断出是否同一个人（虽然会有多个号码，类似于对数据拉通进行唯一识别），通过设备的地理位置数据、网络浏览痕迹抓取失联人新联系信息，进行信息修复和催收工作。

4. 经营风险预警

企业活动作为集合经济、技术、管理、组织等各方面的综合性社会活动，在各个方面都存在着不确定性。企业风险预警系统就是通过建立风险评估体系，进而进行风险预控，化解风险的发生，并将风险造成的损失降至最低程度的有效手段。开展企业活动的风险分析与管理，预防和化解风险的发生，将风险造成的损失控制在最低限度，已成为保证企业经营活动并创造最大效益的重要措施之一。

经营风险预警实际上就是根据所研究对象的特点，通过收集相关的资料信息，监控风险因素的变动趋势，设定系列经营指标阈值体系，并评价各种风险状态偏离预警线的强弱程度，一旦在评价指标升级触发临界值便向决策层发出预警信号并提前采取预控对策的体系。因此，要构建预警系统，必须首先构建评价指标体系，并对指标类别加以分析处理；其次，依据预警模型，对评价指标体系进行综合评判；最后，依据评判结果设置预警区间，并采取相应对策。

8.2.2 区块链应用场景

区块链在金融领域的应用有四个显著的优势：一是会降低信任体系的成本，区块链技术通过建立分布式自治系统，使系统中分布的每一个节点都记录交易信息和数据变更，从根本上改变了目前中心化的信用创造模式。二是区块链采用点对点的交易模式可以减弱金融中介的作用，托管机构、第三方支付平台、公证人、银行等中介机构的出现都是为了维护金融业的信任。区块链能够实现信息的传递，这将大幅降低信息传递过程中出现错误的可能性。三是区块链领域下智能合约的出现将会加快金融智能化的进程，区块链可以简化大量手工金融服务流程，通过网络实现交易流程的自动化。智能合约可以把所需要的金融衍生品合约条款编辑成计算机程序，当发生了满足合约条款中的条件行为时，将自动触发接收、储存和发送价值等后续行动。四是区块链每一个区块的信息都难以篡改，这种新型记账流程有利于审计工作的开展，因为新数据写入区块和新生成的区块添加至区块链的流程不可逆转，重写和修改交易记录的成本将被大幅增加。

区块链在保险、证券、跨境结算等方面有着广泛的应用场景。

1. 保险领域

保险公司对区块链这一技术报以积极的态度，因为通过建立一个"去信任（trustless）"的系统，可以实现对客户的身份、数据和交易流程的管理，其优势具体表现为以下四个方面：（1）区块链可以保证分布式交易的访问安全，通过设置进入分类账户的访问权限，改善现有的财务数据和报告。（2）区块链可以针对变化发送出准确、及时的通知，从而调整大数据策略和资本管理策略用以控制风险。大数据可以提供客户配置资产时的资产偏好、优先级别等信息，这些信息能够被用来保证账户的安全性。（3）应用区块链技术，保险公司可以降低搭建全球性平台的成本，从而吸引客户并提高市场份额。（4）区块链可以改善保险公司获取数据的方式，加强保险公司对平台数据的控制，有助于数据丢失后进行恢复，大幅减轻了相关风险。

通过采用区块链技术，保险公司可以更轻松地获取到客户信息和交易数据并对此作出判断，区块链技术在保险领域具有几大应用场景：欺诈检测和风险预防；数字索赔管理；新的资产分配和破裂。

2. 证券领域

区块链技术应用于证券领域的典型代表就是数字票据，数字票据不同于实物票据或传统的电子票据，它是集合票据属性、法规和市场，采用区块链技术研发出的一种全新形式的电子票据。

数字票据应用的具体实例为票据交易所。在票据交易所中，票据流转环节中交易的是非指定目标，需要由票据交易所通过编代码，建立市场匹配规则来进行票据匹配。卖方节点需要将所卖出的票据的需求根据交易规则写成代码后发布，买方节点需要将准备买入的票据的需求写成代码后发布。票据交易所这一节点负责构建双方代码的匹配原则，并通过匹配原则将买卖双方的代码进行匹配，等到双方确认无误后，再开始该票据交易的票据流转环节。

在传统模式中，票据交易所的任务是制定、公布规则并维护中心系统的正常运行，但如果采用区块链模式，票据交易所将会被设定为特殊角色节点，负责公布全网代表买卖双方的节点都要遵照的控制规则，行使交易所的核心职能。区块链可以进行数据回溯，能分布式存储票据的承兑、交易、金额、银行和客户信息等数据，建立票据的评级评估体系，构建一套包括风险预警、风险处置的大数据评估模型，防范票据风险，更好地推动经济和金融发展。区块链与票据融合可带来以下四点优势：实现票据价值传递的去中心化；实现票据交易流程的去中心化；有效防范票据市场风险；有效降低监管成本。

3. 跨境结算领域

传统的跨境支付清算需经过开户行、中央银行、境外银行等多个金融机构。不同机构的财务等系统相对独立，要想与交易对手完成对账和清算等工作，多方之间需要建立代理关系，将交易记录储存在不同的系统间。这导致了跨境支付费用高昂且速度非常慢。

以美国到欧洲传统的跨境支付流程为例，首先需要美国的银行开始结算这笔交易，再经过美国自动清算所（ACH）、美联储与欧元支付区（SEPA）这两大地区的中央储备体系，流经欧洲央行（ECB），最后到达欧洲的银行完成清算。这不仅大幅增加了支付的手续费和支付的时间，还由于传统的支付体系无法实现双方信任，只能依赖类似于保证金系统等第三方机构来对交易支付双方的交易进行增信，也无形中增加了支付的成本，降低了支付效率。传统的支付手续费为2%～12%，而完成时间通常需要几天甚至是一周时间。

与传统支付流程不同，采用区块链技术可以实现点对点的连接，省去第三方中介环节，从而降低支付成本，缩短支付时间。其中，Ripple的应用发展最为成熟。Ripple与现有的支付体系完全不同，采用的是分布式结算的方式。在该结算机制中，Ripple用户会共享一本账簿

（与私人银行或中央银行的账簿相反），Ripple 的所有用户（并非中央银行）都可以以算法的形式查看并更新账簿。因此，这本共享账簿会记录 Ripple 用户所发生的每一笔交易，并能够储存 Ripple 用户的账户余额，具有公开性和记录保存机制。在现有的代理行系统下，处于转账链条的所有金融机构都需要更新自己的独立账簿，但 Ripple 的集体用户只需更新共享分布式账本即可，这就使得跨境支付直接跳过了代理行这一中转步骤，使支付系统可以迅速地批量处理转账事项。

作为一项重大创新，分布式结算解决了在没有中央结算机构时，交易双方可能面临的双重支付问题以及拒绝服务攻击问题。双重支付问题又称为"双花"问题，指的是汇款方在账户内资金只够支付给一个交易方的情况下，同时向多个交易方发出交易指令并成功支付的现象。为了解决这个问题，分布式结算系统采用了共识程序技术来确保交易指令的精确性。每一位用户都是一个验证节点（validating nodes），发生交易时 Ripple 用户会验证交易的真实性，并通过投票的方式承认或否认这笔交易的有效性。如果这笔交易被验证有效，这些验证节点就会更新账簿的内容。分布式结算不需要中央结算机构参与，就可以实现安全、实时的结算。

第9章 金融科技创新与监管的关系研究

在科技与金融的融合发展中,金融业的发展趋势是高效的,但金融科技的风险也相伴而生,如果金融科技风险无法得到合理解决,那就会给金融业带来巨大损失,甚至可能会引发系统性风险。因此,保持金融科技企业与监管机构之间的平衡已成为金融业发展的重点。基于这一背景,本书在分析金融科技创新与监管现状的基础上进一步发现,沙盒管理和控制规则可以弥补中国当前管理和控制的许多缺点,并具有其他优势。因此,根据全国沙盒管控的综合社会经验和我国的具体情况,有必要研究制定中国沙盒管控法规的发展路径,以确保金融科技健康发展。

9.1 金融科技创新与监管现状分析

9.1.1 全球金融科技发展日新月异

当前,全球正迎来新一轮科技革命和产业变革,信息化浪潮蓬勃兴起,正驱动着包括金融业在内的经济社会各领域加速向数字化、网络化、智能化的更高阶段发展。金融科技作为金融与科技深度融合的产物,给金融功能的实现形式、金融市场的组织模式、金融服务的供给方式带来了潜移默化的影响。

第9章 金融科技创新与监管的关系研究

一方面，新兴业态的运作模式和业务规则持续规范完善。在电子支付、网络小贷、网络众筹、互联网保险等新兴金融业态中，发展时间都不长，但在有限的发展过程中，各种业态的运作模式、业务规则都在不断进步和完善过程中。2018年，我国的第三方支付全面纳入网联，第三方支付业务从之前的与银行直连模式转变为每一笔交易的中途必须通过网联支付平台处理，也即所有第三方支付机构与银行的连接都要通过网联这个清算机构。对消费者来说，可以大大提高用户的资金安全性。

另一方面，电子信息技术与金融应用的集成是密不可分的。从全球范围来看，云计算技术已广泛应用于大数据营销、创新管理、运营管理、风险管理等领域，提高了信贷业务精细化管理水平。云计算技术凭借其在系统架构和资源集成方面的优势，反映了适应性标准，该标准适用于新功能，例如互联网金融业务流程的分布式系统、多路访问和高流量。智能语音系统解决方案、图像识别技术、深度学习和其他人工智能技术促进了金融企业后台管理步骤的不断改进。在身份认证和小额信贷支付等场景中，指纹识别、声纹识别、人脸识别、视网膜和其他生物识别技术正在逐渐增加。物联网技术可以实现资金流、信息流和实物流三者合一，在财务管理和供应链行业中显示出巨大的发展潜力，但整体仍处于探索环节。金融行业中的区块链应用包括资产结算和托管、财产备案交易、跨境支付平台、供应链、商业保险等。虽然已经取得了一些进展，但目前只应用于实验室规模或小型金融机构。

9.1.2 监管理论不断演进

金融创新是金融业发展的动力，没有金融创新也就没有金融发展。然而，金融创新在推动金融发展、提高金融效率的同时，也加大了金融业的风险。金融发展史表明，金融监管和金融创新是金融发展的永恒主题，金融监管与金融创新之间更多是金融创新引发金融风险进而监管加以限制和规范。这种被动式和响应式监管在传统金融发展阶段还可以勉强应对。然而，随着金融科技的快速发展，金融科技监管成为系统性金融风险防范的重要领域。传统的被动式、响应式监管已不适应金融科技发展的需要，金融监管需要具有前瞻性，由被动式、响应式监管变为主动性、包容性监管。监管当局既要将技术作为提升金融服务效率和监管智能化水平的核心手段，同时，也要直面方法技术所带来的风险，转变监管理念，树立主动性、包容性、适应性、功能性、协调性的监管理念。

近几年来，监管方式经历了多种变化，大致可以分为以下四种模式：

第一，什么都不做。什么都不做可以是宽松的，也可以是约束的；可以是有意的，也可以是无意的。中国通常被认为是这种监管方式的典型案例。在2016年之前，中国的关键方法是不加以控制，并允许在传统金融体系中有效应用高科技，以解决中小企业资金短缺的问题。这些控制方法在2016年进行了更改。

第二，认真探索。此方法也称为"实验+学习与培训"，它是从我国的模式中得出的。换句话说，首先进行实验，然后查看实验的进行方式以及可以学到的教训。如果实验简单易用，将会得到推广。越来越多的司法管辖区，特别是发达市场开始采用"试验+学习"的方式来鼓励人们带来新的想法。

第三，结构性的试验。一些监管机构采用的"监管沙盒"就是一种结构性的设计，它源自计算机科学。在计算机科学当中，有一个沙盒是一个隔离的专区。在这个专区中运行软件或程序，不会影响其他系统。但是，历史上大部分的金融监管方式，特别是源于美国的监管方式，很大程度上关注的是披露，推崇的是基于披露的理性投资模式。因此，沙盒的方法使这些金融监管机构难以接受。

第四，设计新的数字金融监管体系。例如，大多数国家已经设计出了一些支付监管形式来应对新兴的数字支付。另外，很多司法管辖区的监管机构专门设计了监管框架来应对众筹。对于很多司法管辖区来说，目前一个开放性的大问题就是他们是否需要一套专门的立法和监管框架来监管区块链。

9.1.3　金融科技监管模式不断创新

我国对于金融科技的监管经历了从观望到鼓励再到规范化的历程。

第一阶段，观望。如前所述，金融体系一直在寻求金融业的高效率与安全之间的平衡。每次暴露信用风险时，为了预防和控制信用风险的金融使用价值，控制范围得到了前所未有的改善。风险前沿旋风进入我国，金融业必须提高效率，幸存者将释放压力控制权，这是金融体系治理和流通体系的规律。为了摆脱上述控制问题，中国学术界明确提出了"三足定律"：构建金融安全、金融效率和金融公平三个价值目标良性互动的三足鼎立模型。"三足定律"已完成了经济法现代性的转变，并成为新形势下中国经济法制度改革与创新的关键科学依据。

第二阶段，激励。随着中国金融业法制改革和创新的发展，金融体系发生了重大变化。2017年，中央政府的"十三五"规划明确提出"改革创新，完善金融体系结构，融入当代金融体系发展趋势"。另外，中国共产党第十九次全国代表大会的报告也提到了中国"金融体系管理体制的完善"。金融业的法律和纪律变革不可能一蹴而就，而是一个渐进的过程，其中包括创新的管理和控制核心概念，管理和控制系统的变革以及管理和控制的横向和纵向划分，还有许多其他问题。互联网财务管理条例也是金融法律法规改革创新的重要组成部分，互联网财务管理条例的改革符合财务法律法规改革创新的相对路径，符合逻辑趋同。

第三阶段，标准化。从金融体制改革和创新的角度来看，互联网金融的管理与控制有以下变化。从管理和控制的角度来看，自2017年以来，中国的互联网金融管理和控制变得更加严格，不同行业，不同层次的标准文件都得到完善，陆续改进和发行已经在互联网金融行业建立了一个自律组织,并将自律与综合管理和控制以及约束条件进行了比较,以促进和优化互联网财务控制。另外,对于区块链技术等蓬勃发展的互联网金融行业来说,对幸存者一直保持着严格的关注,借鉴了以往在文化和教育控制方面的工作经验,管理和控制更具创新性和渗透性,并在地方层面上积极进行了自主创新技术控制。而在控制主体上,中国逐步建立了以"一委一行两会"为主体,以"金融科技协会"为基础的自律控制相结合的互联网金融控制基础设施和主题。区域互联网财务控制的关键是基于区域财务系统组织和本地互联网金融发展的结合发布有针对性的控制要求,并适当地进行现场控制。

9.2 金融科技创新与监管关系存在的问题

9.2.1 金融创新带来的金融风险

金融科技,是由技术推动的金融创新,提升了金融业的运作效率,也改变了固有的金融商业模式和生态格局,作为全球新兴的前瞻性产业,受到越来越多的国家的重视。然而金融科技的发展并非总是尽善尽美,金融科技并没有割裂金融的本质,一方面,金融系统原来的流动性风险、信用风险等传统风险仍然存在;另一方面,金融科技发展的技术性、混业性、高速性也带来了新的风险,使得整体风险变得更为错综复杂,对金融监管提出了新的挑战。

1. 服务形式方面的创新与风险

大数据时代,金融科技创新可以从金融服务提供形式入手,通过对金融科技发展历程的分析可以发现,金融科技的发展过程是一个不断调整金融服务形式的过程,金融科技之所以能够在传统商业银行等金融机构强大的压力下获得生存与发展,与其金融服务形式上的创新能力有密切关系。金融科技与实体行业及产业的深度融合，可以增强人们对金融科技的依赖性，绝大部分的业务工作都可以通过数据的转化对接网络化平台，而金融科技通过金融服务形式的创新，可以更好地适应不断网络化的社会。通过不断提升它的金融服务水平，可以在金融科技服务行业内外部竞争的压力下，提高自身的竞争力。但是金融科技的发展也面临着来自传统产业的压力，传统产业如银行等机构，也会凭借自身强大的优势与金融科技的发展形成竞争。

2. 金融产品开发与推广上的创新与风险

金融科技产品在开发与推广的过程中，可以借大数据的东风，进行内容和形式的创新。传统意义上的金融科技产品很难获得人们的信任。在大数据时代，第三方支付平台的完善，给金融科技产品的发展创新带来了契机，金融科技产品也得以在市场中不断开发与推广，逐渐拥有了强大的用户群。在传统金融科技产品竞争日益激烈的背景下，金融科技企业凭借产品创新也能获得更多的竞争优势。大数据时代下，金融科技产品的开发与推广也存在一定风险，主要表现为金融科技产品的创新理念能否被用户所接受。此外，对一些金融科技公司的监管不到位也会使其蒙受巨大损失。诸如"借贷宝"平台由于网贷产品监管不严而爆发的"裸贷"丑闻，给金融科技平台的形象带来了一些负面影响。

3. 发展模式上的创新与风险

大数据时代下，金融科技的创新也可以从发展模式着手。金融科技发展方式往往会对其发展模式产生重大影响，长期以来，金融科技的发展与传统金融发展似乎并行不悖，但在大数据时代，数据本身并不会有明显的"派别划分"，通过金融科技发展理念的创新，可以实现与银行等传统金融机构的深度合作。金融科技拥有大规模的受众群体，并且拥有便利平台，而传统产业的资本优势亦十分明显。如果两种不同类型的金融服务模式实现合作，将会推动整个金融行业的发展，完善国内金融服务体系。例如，金融科技可以与商业银行进行一些用户数据的共享，从而扩大金融科技的数据库规模，提升金融科技的服务能力，甚至可以进行一些定制性金融服务产品的推广。但是金融科技发展模式的创新依赖于对大数据的使用，这也使得金融科技的发展必须在保护客户的隐私基础上推进。但是互联网本身的信息保护机制有待完善，所以金融科技发展模式创新也面临着信息泄露的风险。

9.2.2　过多金融监管抑制金融科技创新

金融创新与金融监管如影随形，如果监管不力，就会危害金融和经济安全；但如果过度倚重监管科技，也会在一定程度上抑制金融科技创新。例如我国的二维码支付，在互联网巨头与银行业者共同推进移动支付创新时，中央人民银行（以下简称"央行"）于2014年3月14日下发文件紧急叫停了线下条码（二维码）支付以及虚拟信用卡，央行总行有关部门表示将对该类业务的合规性、安全性进行总体评估。央行发布的《中国人民银行支付结算司关于暂停支付宝公司线下条码（二维码）支付等业务意见的函》等文件称，二维码支付的安全性尚存质疑，存在一定支付风险隐患；虚拟信用卡在客户身份识别、信息安全方面尚待进一步研究。不过，虽然央行已经表态，但二维码支付并没有真的销声匿迹。近年来，随着支付宝和微信付款的普及，二维码支付已经被大家广泛接受，甚至连路边的水果摊也可以用二维码支付买单。在2014年初之所以要叫停是因为在二维码支付过程中出现了一些问题，叫停之后市场上或多或少也都在践行着一些二维码支付的探索，就是因为大家还有这个需求，所以后来一段时间，对于二维码支付当中，对于消费者直接去扫商户的码，监管部门相对来说比较谨慎；但是对商户主动拿扫码枪去扫消费者手机上所形成的付款码，相对采取了一种观察的态度；通过监管部门长时间的不断探索，行业协会也在不断地研究技术标准。到目前为止，应该说相关的一些研究，相关的一些安全标准和技术标准或者是指引规范的探讨，已经变得更加成熟。

我国当前既鼓励金融创新，又不敢放松金融监管。现阶段，在我们国家，我们不仅在激励科技金融，而且还害怕对金融体系施加压力。缺乏足够的科学、技术和金融法律实践活动，不仅增加了法律法规的成本，而且缺乏合理性。为了应对金融业中迅速的技术创新和法律缺乏，监管机构必须谨慎对待行政部门的干预措施，例如频繁的出台指导意见和公告，从而危及金融业现行政策的连续性和金融业的稳定性。金融体系，一边是"先发展后监管"的老思路，一边是"运动式治理"的传统路径，"一放就乱，一管就死"的现象一直是困扰我国金融监管的重大难题。目前，我国金融科技产业的市场规模与发达国家相比还有较大差距，这也意味着我国金融科技存在巨大发展空间。金融科技产业是面向未来的朝阳行业，很多国家采用"创新优先"原则实施监管，其核心是建立容错机制，允许市场在风险可控的范围内进行试错性创新，营造鼓励创新的良好氛围。多国实践表明，践行这一监管理念对于鼓励金融科技创新效果显著。我们可以在保障金融安全、有效防范和化解金融风险的基础上，借鉴"创新优先"的国际金融科技监管理念，努力营造宽松有序的监管环境，有效鼓励和引导金融科技创新。

9.2.3　金融科技的实施主体和监管依据不够明确

在金融科技监管的实施主体方面，各地"监管沙盒"的实施主体既有地方政府，也有行业协会，甚至还有企业，而鲜有金融监管部门参与其中并具体负责实施。比如，"赣州监管沙盒"由赣州市政府、国家互联网应急中心、新华网股份有限公司、赣州新链金融信息服务有限公司共同实施；"深圳监管沙盒"由中国电子商务协会推动；"北京监管沙盒"则由北京市政府实施。此外，实施主体对"监管沙盒"的具体管理内容也与监管沙盒鼓励金融创新、观察金融风险的本源要求相偏离。比如,在赣州区块链园区,由赣州新链金融信息服务有限公司代表赣州市政府实施对园区的管理职责,主要内容为办公场地管理、安全监督、园容和环卫、环境保护等,而并非组织对入园企业进行各种创新性产品和服务的测试。在具体监管依据方面,进入"监管沙盒"的被测试主体并未获得部分规则上的指导或豁免。比如,赣州经济开发区金融局发布《赣州经开区"区块链金融产业沙盒园"发展扶持政策(试行)》,主要内容是对进入园区的企业给予资金奖励、税收减免方面的扶持,而非提供规则上的指引。同时,在金融消费者权益保护、测试周期、豁免机制等问题上,地方"监管沙盒"也未有相关规定。此外,在测试对象上,地方"监管沙盒"的"测试对象"大多是金融科技公司,而很少有金融机构参与测试。比如,"赣州监管沙盒"既允许互联网企业也允许区块链企业进行测试;"深圳监管沙盒"主要集中于区块链项目;"北京监管沙盒"则主要聚焦于金融科技企业。

各地自发开展的"监管沙盒"实施主体不一致,监管依据不明晰,容易集聚金融风险。从理论上来说,监管沙盒的应用旨在缓解金融科技创新和传统金融监管之间的矛盾,为金融创新提供容错机制,为推动金融监管方式转变进行新的探索。在现实中,区块链、人工智能、生物技术等新兴科技具有较高的专业性,公钥、私钥、超级账本等专业化术语比较晦涩难懂,需要具有较强专业能力的人才作为支撑;对于是否允许金融科技领域的创新性产品和服务进入监管沙盒测试,需要专业金融监管者予以研判。相较于中央层面金融监管者而言,地方金融监管者的专业知识不足、人员数量有限,其监管能力难以匹配金融科技跨地域、创新性、迅捷性以及由此产生的金融风险防控要求。一旦监管沙盒操作不符合实际情况,让这些测试后的金融创新产品和服务投入到真实的经济和社会场景之中推广应用,便容易引发金融风险事件甚至系统性金融风险。因此,应当根据监管对象的特点,匹配相应的监管主体,以确保监管沙盒实施的专业性。

9.2.4 监管立法存在局限性

2015年7月，中国人民银行等十部委联合发布《关于促进金融科技健康发展的指导意见》，将鼓励创新和加强监管并举，从鼓励金融创新、明确监管职责、完善制度设施三个方面对我国金融科技监管进行了基本规划。2016年8月，当时的银监会等四部委联合发布《网络借贷信息中介机构业务活动管理暂行办法》，明确了网络借贷信息中介机构（即P2P平台）的职能定位和业务范围。随后，当时的银监会陆续发布《网络借贷信息中介机构备案管理登记指引》《网络借贷资金存管业务管理指引》等配套制度，不断完善P2P网络借贷监管框架。2019年9月6日，中国人民银行印发《金融科技（FinTech）发展规划（2019—2021年）》，确定了强化金融科技合理应用、赋能金融服务提质增效、增强金融风险技防能力、强化金融科技监管等六方面重点任务。然而，我国法律主要采用的是成文的大陆法系，将法律法规以及其他规范性文件作为法律渊源。而在当前金融服务形态多变，业务流程总体趋于复杂，原有的成文法即使再高瞻远瞩，但其快速应变能力差，很难规范这些创新服务。金融科技的这几年乱象，P2P从野蛮生长到问题遍布就是典型实例。相比而言，判例法依靠其基本原则，反而在新技术的监管上产生了生命力。因而，在国内未来的金融科技管理上，需要充分认识到这一局限性，借鉴判例法的运行模式，找到解决的思路。

9.3 国内外金融科技的监管模式及经验借鉴

9.3.1 具备明确的实施主体和监管依据

从监管主体上看，监管沙盒实施主体均为一国或地区金融主管机关。英国的监管沙盒由英国金融行为监管局实施,英国金融行为监管局从金融服务监管局分离出来之后便被赋予实施金融业准入监管、行为监管的职能,是世界上首个监管沙盒的创立者;新加坡的监管沙盒由行使中央银行职能的新加坡金融管理局实施,金融管理局兼具金融监管与宏观调控两项职能,除货币发行外,金融管理局几乎履行了其他所有央行职能;澳大利亚监管沙盒的实施主体为澳大利亚证券和投资委员会,其是对本国范围内金融服务和信贷许可证管理的主管机关,开展以"许可证豁免"为测试特点的监管沙盒。我国香港地区监管沙盒的实施主体则是依据其对金融业分业监管的赋权,以银行业主管机关香港金融监管局为主,与香港证券及期货事务监察委员会、保险业监管局共同实施。

从监管依据上,为了规范地实施监管沙盒测试机制和对金融主管机构有效的赋权,上述地区分别制定了相应的监管文件对监管权边界、沙盒实施流程和企业适用类型、资格准入标准和消费者保护方案等做了明确规定。在金融监管构成要素中,监管法律法规占有举足轻重的地位,不仅是金融监管主体行使监管权的重要依据,还是监管对象开展合规经营的重要指引。将监管沙盒以一国或地区监管文件的形式规范运用,有利于提高模式运行的透明度与公平性,同时将其与本地金融监管法律框架相承接,或者以更高的法律位阶共同构成金融监管法律的内容,可以增加适用金融监管法律的灵活性。

9.3.2 监管目的以保护消费者利益为核心

监管沙盒更加突出保护消费者利益,进入沙盒测试的企业项目多是初创型科技方案的项目,内容涵盖消费者经营、支付、理财等诸多金融活动,监管沙盒以保护消费者权益为核心,并将此项主题贯穿于沙盒测试的始终,一直延续至创新项目测试完成后最终推向的真实市场,力求使消费者享受到金融监管模式革新带来的权益保证。为此,各个监管沙盒更加关注创新项目在测试时是否存在减损甚至侵害消费者利益的现象,所以应更加注意及时弥补沙盒检测出的金融风险。消费者自愿参与沙盒测试项目,测试主体应当在消费者接受金融产品或服务之前显著提醒潜在风险,并充分披露项目详细方案,在测试的各个环节保证消费者的知情权和交易安全,对于测试失败的创新项目,应制订并落实退出方案,对于参与测试的消费者进行相应的补偿。

消费者同时也扮演着测试计划参与者和监督者的角色,向监管机构积极反馈真实的消费体验和消费数据,对创新方案和测试方案提出改进建议。例如英国的监管沙盒规定,所测试的金融科技企业必须把保护消费者利益放在首位,要求进入沙盒测试的企业必须具备完善的消费者保护计划、退出计划和补偿方案,在测试过程中对可能侵害消费者权益的创新方案及时叫停并责令退出沙盒测试;新加坡金融管理局规定企业应当事先向消费者说明其是正在接受测试的项目,监管机构及时向社会公布沙盒测试企业信息和监管数据,用以提高监管的清晰度和透明度;澳大利亚监管沙盒要求豁免测试的企业只能向规定范围的合适消费者提供金融产品或信贷服务,消费者可以对金融信贷服务企业的经营状况作出评价,帮助证券和投资委员会判断是否可以提前结束测试期间授予其金融许可证。

9.3.3 建立相对灵活的法律和规则调整机制

监管沙盒是对本国或地区监管法律的灵活运行。首先从作用定位上,监管沙盒被赋予了促进金融创新和有效控制风险的职能,通过灵活适用本国或地区金融监管法律,对测试企业营造能够及时适度调整的弹性空间。对金融科技企业的创新性测试,是在创新方案进入市场之前的风险防范和预先披露机制,尔后决定是否向市场大范围的推广,以此改善金融监管应对风险的实时性、灵活性,防止监管过严对金融科技创新的抑制,同时又不破坏本国或地区原有的法律监管框架。例如英国采取有限授权，鼓励金融科技企业在不完全符合法律规定的前提下预先测试其创新方案；澳大利亚采用许可证豁免机制，允许企业在没有获得金融服务或信贷许可证的条件下进入有限的市场开展业务；我国台湾地区建立创新实验测试机制，为金融科技创新提供真实和有效的营业环境。

监管沙盒都可以对测试规则进行灵活调整。运行机制的灵活运用，便于金融监管机构及时掌握监管动态和弥补创新项目风险敞口，不仅提高了监管效率，还大大降低了金融科技企业的风险成本，在沙盒测试的全过程营造一个良性互动的监管环境。英国、新加坡等国（地区）在规定了原则性准入标准和监管底线的基础上，又针对不同类型的企业制定了差异化的测试方案和监管计划，在测试过程中通过接收监管数据反馈，进一步调整所要实施的监管方法，使金融监管具有针对性和灵活性。例如英国的监管沙盒设置了明确的资格标准和运行流程，但是在拟定入选的企业进入沙盒之前，主动与其协商制订有关测试方案，同时在测试过程中，允许企业申请对其所测试的创新方案进行实质性调整；新加坡的监管沙盒针对不同类型的企业制订不同的监管方针，允许企业对测试方案提出调整建议；澳大利亚许可证豁免期限也可以根据测试过程中的实际情况进行适度延长，给予金融企业更长的时间完善其创新方案；我国香港地区的监管沙盒更是对于银行和金融科技企业个性化指导，也未就沙盒所能够放松的监管规定制定一份详尽的清单。

9.3.4 金融科技创新与监管的平衡思考

金融科技是金融行业未来的发展趋势。需则变、变则通、通则达，金融行业需要不断地创新才能通达。而科学技术是第一生产力，科技与金融的叠加，不但促进了金融业务的扩张，也提高了金融服务的效率。但创新意味着突破现有的业务边界，也存在着金融风险，这无疑对金融监管提出了更高的要求。

1. 国际金融创新与监管平衡的尝试

美国采用"负责任的创新"的监管理念，要求相关机构和企业坚持不断创新，以满足不断变化的市场需求的同时，又要合规合法。

英国金融行为监管局（FCA）创新性地推出"监管沙盒"机制，鼓励并大力指引金融科技公司在监管科技领域创新。此外，澳大利亚、加拿大、新加坡等也都提出"监管沙盒"机制，在限定范围内降低金融科技市场准入门槛，使金融科技创新业务迅速落地，随后根据运营情况决定是否推广，并利用监管科技推动监管变革，改进监管流程、监管框架。

德国建立了金融科技委员会，专门调研数字技术在金融领域的创新应用，就技术发展潜力、机遇和风险等方面向政府提供建议。

欧盟在维护金融消费者数据安全方面有着严格的规定，过去过度的保护在一定程度上限制了金融科技的创新发展，欧盟通过最新的判例降低了对个人信息保护力度，以促进金融科技的发展。

从国外的发展经验来看，发达国家对金融科技的监管，相对较少将防控宏观金融风险和维护金融稳定作为现阶段主要目标，更多的是着眼于增强市场有效性和竞争性，加强消费者保护的微观角度。一些国家对新主体和新流程按照业务属性（支付结算领域、贷款与资本筹集领域、投资管理领域、市场设施领域）纳入现有监管体系。还有一些国家根据新数据和新技术特点适度调整和增补监管规则，如探索建立网络小额融资监管豁免制度、审慎对待人工智能运用、应对大数据运用的审慎性和金融消费者权益保护问题等。目前，英国提出的"沙盒监管"计划得到了各国监管者的积极响应，为监管金融科技创新探索了一条新路。美国、新加坡、澳大利亚等国已经采用并在不断健全完善沙盒监管计划。

2. 国内金融创新与监管平衡的尝试

2015年7月，中国人民银行等十部委出台了《关于促进金融科技健康发展的指导意见》；2016 年 10 月，国务院发布了《金融科技风险专项整治工作实施方案》；2018 年 4 月 27 日，中国人民银行、中国银行保险监督管理委员会、中国证券监督管理委员会（下称"证监会"）和国家外汇管理局在《关于规范金融机构资产管理业务的指导意见》中提出了坚持宏观审慎管理与微观审慎监管相结合、机构监管与功能监管相结合的监管理念。中国金融监管机构也在实践中不断探索科技的应用：中国人民银行反洗钱监测中心，建设了反洗钱监测分析二代系统大数据综合分析平台；中国银行保险监督委员会将分布式架构运用于 EAST 数据仓库，将现场检查方案与大数据相结合建立模型；证监会运用大数据分析打击内幕交易，使线索分析处理精准度大幅提升，线索来源大幅拓宽等。

就我国的金融科技监管而言，目前最大的难题在于如何平衡金融创新与金融风险，做到既能够激发创新，又能够控制风险。沙盒监管计划有利于较好解决金融科技、金融监管和金融风险之间的平衡问题，实现金融科技创新与有效管控风险的双赢局面。笔者认为，如果中国版沙盒监管能够正式出台，将能够弥补现有金融监管机制的不足，成为平衡创新与风险的有效手段之一。

9.4　我国金融科技政府监管的对策建议

针对金融科技的监管，我国内地仍需要一个适度合理的监管制度安排，对世界上成熟的监管沙盒运行模式和理论研究的基础上，可以不断促进我国内地金融监管传统理念的革新，增加金融监管的灵活性和协调性。监管沙盒能有效平衡金融创新与金融监管的矛盾，对现有金融监管法律体系进行灵活适用，在不抑制金融创新的前提下防范金融科技风险。世界上监管沙盒完善的模式架构和丰富的运行成果为我国内地引入监管沙盒提供了宝贵的经验借鉴。

9.4.1 清晰监管主体定位

为实现"更好的监管",贯彻"普惠金融、金融平权和金融自由化"理念,监管者应实行合作式淡中心化监管,纳入多元治理主体,行政监管与行业自律并行,沟通、分享信息,调动社会资源,共同合作、处理金融科技监管难题。"从观察到行动",在与市场主体的互动中完善规则。

金融科技企业的行业自律可以通过以下方式帮助降低市场风险:(1)相互监督;(2)为行业制定规则和可接受的标准;(3)通过行业制裁、声誉损害以及在出现恶劣行为的情况下将其排除在市场之外,通过行业自律,自行执行标准。行业自律在弥补差距和提高公共监管监督质量方面尤其重要。除了提供额外的监督层次之外,行业自律汇集了行业参与者进行相互监督和监管。行业自律可以帮助市场参与者更直接地负责维持其行业内的高标准。这种监督的常见形式允许行业自治组织设计规则和规范框架来管理其成员行为并控制此类行为可能产生的风险。因此,政府不再是设定监管规则的唯一主体。行政监管、行业自律、多主体广泛合作。多重角色定位使监管更有层次和包容性,在维护金融稳定的同时避免抑制金融创新。

9.4.2 保护金融消费者权益

金融科技监管的核心需要保护金融市场中资金供给、风险承受和市场交易的主体——消费者。因此,建议中国尽快建立金融消费者的分级制度,鼓励高净值金融消费者和机构金融消费者广泛参与投资;同时,完善金融消费者保护机制和金融消费者救济机制;加强金融各细分行业的协同作用来保护金融消费者,同时建议消费者协会设立金融消费者保护工作委员会。

9.4.3 促进法律与监管科技相融合

第一，要建立多元化主体参与的监管机制。在制定统一规则的前提下，金融稳定发展委员会有必要进一步明确地方金融监管的法律依据与法律授权，规范地方金融监管行为，建立并完善中央与地方、地方之间的有效监管沟通机制。注重各类金融行业自律组织在完善监管体制中的重要地位，发挥其在决策参与、信息反馈、权力制约中的重要作用。

第二，要从"三个层面"严格落实"穿透式"监管要求。向下"穿透"识别底层资产，必须检查资金的最终流向和流动性情况，核实项目风险是否已经适当评估，信息是否充分披露，并对底层资产的最终状态进行详细记录，以便及时识别相关风险；向上"穿透"核查最终投资者，必须核查投资者的投资收益与风险是否匹配、是否符合"合适产品销售给合适投资者"的要求，杜绝金融机构以过度宣传、不实营销等手段，向投资者销售与其风险承担能力不匹配的产品；中间"穿透"，应提高合法限度内信息披露程度，从而对金融交易的整个过程进行核查，注意核查金融产品的杠杆情况，有效抑制加杠杆行为带来的风险，注意核查内部交易、关联交易行为，防止利益寻租与套利。

第三，要抑制金融行政权的过度扩张。实行"穿透式"监管，要坚持监管行为必须满足"法律不完备+标准化描述"的适用前提，以"规则在先、监管跟进"为思路，在法律授权的范围内进行监管，监管过程尤其是信息披露过程中要注重对"私人信息"处置有度，避免因"穿透"引发公共权力与当事人合法权益之间的冲突。

第四，要秉持"弹性"适用原则。"穿透式"监管应是"弹性"的，在监管中要充分运用信息与监管科技，判断"穿透"对象在金融体系中的位置。一方面，完善"弹性"规则，对处于体系内围的监管对象以系统性风险预防为监管取向；另一方面，对于处于体系边缘的监管对象则以金融消费者保护为重点，逐步完善市场退出机制。

9.4.4 金融科技监管需平衡金融创新与金融风险

一是加强金融科技在银行业的应用研究。金融科技未来广泛的应用场景以及对金融稳定可能造成的影响不容忽视，应及时跟进金融科技的最新发展情况，密切跟踪研究大数据、云计算、区块链、人工智能、数字身份认证等重要金融科技领域发展对银行业务模式、风险特征和银行监管的影响，做好相关政策储备。

二是加强国际监管交流合作。金融科技的发展在很大程度上突破了金融服务的地域和行业限制，由于各国发展状况及受监管情况不同，金融科技也会产生跨境效应，因此国际监管协作日益重要。一方面，建议继续加强国际监管交流与合作，积极参与金融稳定理事会、巴塞尔银行监管委员会等国际组织关于金融科技的发展演进、对金融稳定的影响和监管应对等问题研究，共同探索如何完善监管规则，改进监管方式，确保监管有效性。另一方面，充分学习借鉴国际上金融科技在监管上的应用经验，加强对监管沙盒、创新指导窗口、创新加速器等制度的研究应用。

三是推动发展金融监管科技。建议积极研究利用区块链、机器学习、大数据、云计算等新兴技术手段改进监管方式和工具，提高监管自动化程度，升级完善监管体系；加强监管人员的信息技术培训和知识更新，提高监管人员理解、应用信息科技的能力，提高监管效率。

四是加强业界的沟通协调。通过专题调研、培训座谈、合作项目等形式加强与相关行业自律组织、业界科技公司、第三方机构等的沟通交流，促进监管机构对金融科技应用的了解，为更好制定实施监管政策做足准备；促进科技公司更好理解自身业务的金融属性、潜在风险以及接受监管义务，从而改进风险管理和规范业务行为；推动相关部门结合金融科技应用情况适时建立具体子行业标准，促进行业规范健康发展。

9.4.5 我国监管沙盒的思考

在我国内地实施监管沙盒仍处于理论探讨阶段，地方层面的"监管沙盒"已开始付诸实践。例如，北京市成立"金融科技安全示范产业园"，以期对金融科技进行"监管沙盒"模式的试验（以下简称"北京监管沙盒"），江西赣州启动区块链金融产业沙盒园暨地方新型金融"监管沙盒"（以下简称"赣州监管沙盒"），中国电子商务协会在深圳市设立"监管沙盒"产业园（以下简称"深圳监管沙盒"）。地方"监管沙盒"实践可能有助于促进金融科技发展，但是，仔细分析后可以发现，地方热衷开展的尝试并非真正意义上的监管沙盒。

第一，从全国内地层面来看，监管沙盒应当由国家金融监管部门负责组织实施。地方金融监管部门实施监管沙盒并不合适，应当由国家金融监管部门负责我国内地的监管沙盒实施。主要理由：一方面，地方金融监管部门监管权限不清，由其实施监管沙盒在行政授权上存在欠缺；另一方面，地方金融监管部门实施监管沙盒存在专业技术性不强、实际操作能力不足的短板，不利于金融消费者权益的保护。我国内地一些学者论及监管沙盒时，往往将其与我国内地部分地区推行的"监管沙盒"试点进行比较。虽然境外推行的监管沙盒与我国内地部分地区实施的"监管沙盒"试点同属于"试验性监管方式"，但是不同之处在于地方"监管沙盒"试点集中在某一特定的地理范围，而进入监管沙盒测试的金融机构提供的金融产品和服务具有明显的跨区域、跨行业、跨市场特性。若由地方主导开展监管沙盒测试，势必模糊各地区金融服务的界限，一旦操作不当便容易形成连锁反应，进而引发系统性金融风险。

第二，从实际操作而言，正规金融机构的金融产品和服务在监管沙盒的测试应当由"一行两会"负责。在我国内地，监管沙盒实施权

第 9 章　金融科技创新与监管的关系研究

的配置，主要取决于是由某一机构统一实施我国内地层面的监管沙盒，还是遵从我国内地分业监管现状、由"一行两会"基于各自职责负责实施监管沙盒。国务院金融稳定发展委员会作为国务院统筹协调金融稳定和改革发展重大问题的议事协调机构，其侧重于金融监管协调。鉴于在我国内地具体承担金融监管职责的主要是"一行两会"，可以考虑借鉴我国香港特别行政区监管沙盒实施主体的配置安排经验，由"一行两会"作为各自监管领域监管沙盒的实施主体，负责设立具体的行业监管沙盒、出台相关指引。

第三，从功能补充来看，类金融机构和金融科技公司的产品和服务在"虚拟沙盒"的测试应当由有关行业协会组织实施。除了在我国内地层面由"一行两会"负责正规金融机构在监管沙盒中测试金融产品和服务外，也可以考虑引入行业协会力量，组织开展"虚拟沙盒"的实施。"虚拟沙盒"主要侧重于加强类金融机构、金融科技企业之间的合作，基于大数据为类金融机构、金融科技企业提供初步的测试，这既有助于减轻金融监管部门实施监管沙盒安排的压力，也有助于支持中小型的类金融机构、金融科技企业有条件地测试所开发的产品或服务。

由行业协会主导"虚拟沙盒"是金融监管理念和方式转变的客观要求。监管沙盒的实施是金融监管由被动监管到主动监管的转变，而由行业协会负责"虚拟沙盒"实施则是金融监管由部门监管向社会主体多方共治转变的具体体现。目前类金融机构、金融科技企业数量众多，如果都向监管部门申请测试，便会出现监管资源不足和类金融机构、金融科技企业排队等候测试时间过长的窘境。因此，有必要建立与监管沙盒配套的实施机制，发挥行业协会等社会主体的力量，实现金融监管领域的协同治理。

第10章
金融科技平台监管模式研究

  金融科技平台作为技术赋能金融的平台型企业，金融业的运作效率、商业模式和生态环境有了很大的改善，其前景朝阳性得到了很多国家的关注。全球的金融科技平台涉猎广泛，已经占领了支付、投融资、金融产品交易、媒介、软件等领域。而中国已经处在平台生态系统快速变化的时代，但金融科技平台难逃金融属性，其金融属性本身就带有各式各样的风险挑战，也就是传统金融风险面临的信用、操作、流动性等系统风险，还有欺诈和违约等非系统性风险。另一方面，金融科技平台的双边市场属性使得整体风险变得更为错综复杂，对金融监管发出了新的挑战。

  金融科技平台与监管发展不匹配引发了2008年欧美发达国家的金融危机，各国开始对金融监管体制反思，金融监管理念在英国、欧盟、澳大利亚得到快速革新，"监管沙盒""合作式"监管应运而生，监管方式得以创新。"监管沙盒"秉持适度、包容的监管精神，对测试项目降低准入门槛和放宽监管限制，提倡获得许可的金融科技平台，为其营造适合的测试内容和市场环境，测试新的金融产品、金融模式或业务流程。我国的金融科技监管从观望、鼓励到趋严。现在，新兴金融技术和普惠金融正逐步改善人们的经济生活方式，金融市场未来走势也由金融科技平台进行牵头发展，在这一关键时期，金融科技平台似乎还存在诸多问题。本书试图在借鉴他国监管经验的基础上，构建适应我国金融科技平台规范发展的监管体系，通过探究金融科技平台的特点与风险特征，深入分析"监管沙盒"的运作模式、运行机制及在推动金融科技平台发展过程中的优缺点,最终找到金融科技平台监管的中国方案。

10.1 金融科技平台概述

10.1.1 金融科技平台

本书认为金融科技平台是通过利用大数据、区块链、人工智能等各类科技手段,对传统金融行业的产品及服务加以创新,在提升效率的同时实现运营成本的降低,使其更好地服务于客户。就金融科技平台的本质而言,仍然是金融,而且主张科技要服务于金融业务发展。我国的金融科技平台目前正经历着迅猛发展,不少金融机构已积极探索传统金融业务与新兴技术的融合。

金融科技平台在席卷全球的平台经济、金融科技浪潮下蓬勃发展起来,呼应了商业世界的去中介化、去中心化和去边界化三大趋势,已经对金融业乃至整个经济社会的发展产生了深远影响。从全球来看,金融科技平台已经覆盖支付、投融资、金融产品交易、媒介、软件等广泛的领域。而中国已经处于一个平台和生态圈爆发快速迭代的时代,在过去几年尤其是2011年以来,一家家金融科技平台从无到有,不断发展壮大,形成了丰富多样的平台业态,包括支付清算、信用卡、第三方支付、聚合支付等支付平台;消费金融、供应链金融、信用卡代偿等大数据借贷平台;P2P网络借贷平台;众筹融资平台;线上财富管理、基金代销、保险产品销售、票据交易、数字货币交易等金融产品交易平台;金融资讯、信用卡管理等金融媒介平台;区块链、云计算等金融软件平台。

伴随大批互联网金融公司转型成为金融科技公司,同样涉及了金融和科技两个关键要素的互联网金融公司和金融科技平台两种业态引起了部分专家学者的讨论与比较。本质上都认为互联网金融企业是通过互联网手段来实现金融服务。郑联盛（2014）指出，互联网金融即是一种新兴的金融服务模式，它借助新兴的互联网信息技术来完成信息中介、资金融通等业务。根据专家学者对金融科技平台和互联网金融公司的定义描述，可以得出结论：金融科技平台的定义以及发展空间都比互联网金融公司更加广泛。

从历史发展视角来看，赖茹（2019）结合金融史与科技史，指出金融科技2.0阶段被称为移动互联网金融阶段。在这一阶段，金融化互联网公司开始出现，提供在线业务平台，改变传统金融渠道，完成了信息的共享和金融业务领域创新。例如网上银行、移动支付、P2P和众筹等网络融资。叶纯青（2016）还提出金融科技平台和互联网金融公司的本质与核心是相同的，二者都是通过技术来推动金融创新，从而提升效率减少成本。国内部分学者从消极的角度肯定了互联网金融公司和金融科技平台的"同质论"，提出互联网金融公司到金融科技平台的转变不过是旧瓶换新瓶，仅仅在于名词上的创新，所以不会给金融行业带来大的变革。与"同质论"相对应，部分学者提出互联网金融公司和金融科技平台并不只是文字表述有所不同，二者存在本质上的区别，金融科技平台是互联网金融公司发展较成熟的阶段，它利用的技术和解决的问题相对于互联网金融都更深入一层，这样的提升是循序渐进的，但是不能忽视。

综合以上学者观点，无论是基于互联网金融公司和金融科技平台同质论或非同质论，都可以认为金融科技平台是互联网金融公司的一个延伸，二者都通过金融与科技两个要素的结合颠覆传统金融模式。

10.1.2 金融科技平台的发展状况

金融和科技是密切相关的业态，其实现代金融的生命力就在于科技的应用，没有科技就没有现代金融的蓬勃发展。回顾历史我们不难发现，金融与科技的联姻由来已久。由于过去的100多年间全球金融领域已经经历了数次重大的技术变革，所以从更广泛角度，我们可以将金融科技平台到目前的发展历程大致分为三个阶段：

第一个阶段可以界定为金融IT阶段，或者说是金融科技平台1.0版。在这个阶段，金融行业通过传统IT的软硬件的应用来实现办公和业务的电子化、自动化，从而提高业务效率。这时候IT公司通常并没有直接参与公司的业务环节，IT系统在金融体系内部是一个很典型的成本部门，现在银行等机构中还经常会讨论核心系统、信贷系统、清算系统等，就是这个阶段的代表。

第二个阶段可以界定为互联网金融阶段，或者叫金融科技平台2.0阶段。在这个阶段，主要是金融业搭建在线业务平台，利用互联网或者移动终端的渠道来汇集海量的用户和信息，实现金融业务中的资产端、交易端、支付端、资金端的任意组合的互联互通，本质上是对传统金融渠道的变革，实现信息共享和业务融合，其中最具代表性的包括互联网的基金销售、P2P网络借贷、互联网保险。

第三个阶段是金融科技平台3.0阶段。在这个阶段，金融业通过大数据、云计算、人工智能、区块链这些新的IT技术来改变传统的金融信息采集来源、风险定价模型、投资决策过程、信用中介角色，因此可以大幅提升传统金融的效率，解决传统金融的痛点，代表业态就是大数据征信、智能投顾、供应链金融。

10.1.3 金融科技平台的主要类型

近10年来，以互联技术（移动互联和物联网）、安全技术（生物识别和加密）、分布式技术（云计算和区块链）、大数据、量化模型、人工智能和机器学习等为代表的前沿数字技术层出不穷，表现出更深度的融合性和更强的破坏性，正推动着金融业态的全面变革。

在一系列新兴信息技术模式的驱动下，全球 FinTech 呈现出爆发式发展态势，其综合拓扑结构也随之逐渐形成。现阶段 FinTech 围绕的核心是从开拓替代金融工具、互联网和移动支付、商业和个人借贷（P2P）、在线众筹（以股权为基础）等细分市场，到探索大数据风控与征信、量化交易系统、智能投顾、数字咨询、元搜索引擎（Meta-search Engine）、保险科技（InsureTech）、去中心化清算结算体系、数字加密货币等金融科技新业态，不断追求目标的多样性。基于此，巴塞尔协议Ⅲ（BaselⅢ）将目前的金融科技平台划分为支付结算、存贷款与资本筹集、投资管理、市场设施四个类别。

类似的，阿内雷塔尔（Arneretal，2015）认为金融科技平台包括五个主要领域：金融与投资、财务业务和风险管理、付款和基础设施、数据安全和货币化、用户界面。从某种角度来看，金融科技平台正在构建一个包含科技创新企业、传统金融机构、政府金融监管部门和国际金融组织等各利益相关方在内的体现其共同利益和价值的新平台、新生态，我们称为 FinTech 生态圈。金融科技平台的上述不同领域发展程度深浅不一，发展潜力十分巨大，发展空间非常广泛，有利于丰富 FinTech 生态圈的内涵和意义。

10.2 金融科技平台监管困境

时至今日，科技的力量已经渗透到包括金融行业在内的各个领域。在互联网、大数据、云计算、人工智能等新兴科技的冲击下，金融领域发生了翻天覆地的变化。金融科技平台的发展正在变革与重写金融服务业的交易规则，大幅降低资金提供者与需求者之间的连接费用，使金融资源的配置效率得到进一步提高。现阶段的 FinTech 背景下，一方面科技创新和更迭速度显著加快，另一方面金融产品创新的周期大为缩短，跨界金融服务日益丰富、业务范围和金融产品错综交叉、各类综合性机构和大量金融衍生工具不断涌现，但是金融风险隐蔽性、突发性、传染性和负外部性等特征依然存在。同时，金融科技平台在提供跨市场、跨机构、跨地域的金融服务时，不同业务之间相互关联、渗透，金融、技术和网络风险之间更易产生叠加与聚合效应，使风险传播途径更隐蔽、传染性更强、波及范围更广。具体来说，金融科技平台发展过程中具有以下风险因素。

10.2.1 金融科技平台的主要风险

1. 信息不对称风险

金融科技平台的业务活动通常均可以借助信息技术手段开展，用户不需直接见面，只需通过网络进行交易，对服务网点和实物资产依赖性大大降低。这样虽然克服了物理空间的障碍，但也增大了信息不对称风险。数据爆发式增长带来信息不对称风险。一是对海量信息的存储、灾备、分析等，需要大量的先进技术设备投入，数据信息积累需要较长时间。二是有效信息获取的效率需要提升。有价值的信息资源很难直接获取，存在"数据孤岛"的瓶颈，真正有特色的大数据集中在几家大型平台。比如，拥有用户网络购物数据的阿里和京东，拥有社交数据的腾讯，但是各家都对自己的数据特别保护。平台经营中存在着较严重的信息不对称风险，给信用评级、风险模型开发验证带来困难。以P2P网络借贷平台为例，即使平台采取了手机绑定、身份验证、收入证明等风控手段，仍不足消除放款者的决策风险，还需要辅以征信记录、借款用途等其他信息资料。同时，各个网络借贷平台之间信息尚未互通共享，一家平台很难得知该用户是否在其他平台有共债情况。

2. 技术风险

技术风险是由于计算机软硬件系统、安全技术或网络运行等问题，导致数据保密、系统和数据完整性、客户身份认证、数据篡改、网络安全等方面的风险。技术风险可能导致严重的后果，包括停机、堵塞、出错及故障等系统性的紊乱，系统网络软硬件系统崩溃，客户信息资料泄露甚至被篡改，支付等交易失败，资金安全受到威胁，运营中断等。技术风险涉及金融科技平台多边客户的系统安全，比如第三方支付平台的技术性风险会影响网银信用卡支付系统、自身平台以及商家业务处理系统的稳定性和安全性。金融科技平台要随时应对可能出现的黑客攻击、资金盗用、信息篡改和窃取等行为。以网络信贷平台为例，其面临的资金需求方和供给方的不稳定因素比商业银行更难以预测，如果操作管理不善出现信息系统漏洞，以支付平台为例，技术风险可能会导致付款结算延迟或失败、报告错误等。

3. 欺诈风险

欺诈风险是在各种业务开展之前或期间，由于缺乏健全的风险处理机制或有效的控制措施而产生直接或间接财务损失或声誉损失的风险。在第三方支付平台领域，在支付过程中，持卡人与商户之间有时会因欺诈性、未经授权交易或持卡人不满意商品或服务质量而发生纠纷；在 POS 服务时，面临持卡人或持卡人与商户合谋进行欺诈交易的风险，使支付平台面临亏损风险、监管处罚等后果。在信用卡平台领域，部分"提额党""养卡人"通过编造交易场景，粉饰消费行为，把高风险客户伪装成优质客户，扰乱银行客户额度策略，放大了银行信贷杠杆，加大了乘数效应，加剧了套现、洗钱等违法活动的影响。在网络借贷平台领域，平台对接投资人及个人借款人，面临的欺诈性信息包括假冒的身份信息，欺诈性的信用卡交易记录和清单，且可能来自欺诈活动，比如有组织的欺诈计划和冒名借款人，欺骗性地诱使个人投资人贷出资金等。

4. 违约风险

违约风险是指借款人、证券发行人或交易对方因种种原因，不愿或无力履行合同条件而构成违约，致使金融科技平台、投资者或交易对方遭受损失的可能性。传统的商业银行风险管理主要将涉及消费贷款风险的所有相关数据都包含进来，通过模型进行信用风险评估，计算出还款意愿和还款能力。信用评估采用的基本数据因素有年龄、收入、学历、客户资历、行业、区域等，信用因素包含如负债状况、缴款记录、理财方式，以及行为因素比如交易时间和频率等。而P2P网络借贷、大数据借贷平台信用风险的主要来源是借款者的信息不对称。借款者可能是企业也可能是个人，当其需要通过平台融资时，需要先提供个人身份证或企业营业执照复印件、银行流水对账单以及个人或企业的资产清单等，作为平台进行身份审核和信用评级的重要参考。借款人在提供这些材料时存在造假的可能，而借贷平台获取信息的来源有限，难以识别造假信息，导致到期违约风险和催收成本。

5. 流动性风险

金融机构会面临不同程度的利润当期性和风险滞后性的错配情况。通常，借贷平台、金融产品交易平台上的投资资产相对期限较长，而负债的期限相对较短，一旦负债到期不能顺利衔接，就可能出现流动性风险。目前，传统商业银行流动性风险的机制相对成熟，受到存款准备金、风险资产拨备覆盖以及即将出台的存款保险制度等保障。然而，对于尚未经过长期市场风险洗礼的一些非银行金融科技平台来说，则缺乏相关的风控应对经验，甚至有一些平台设下庞氏骗局，"拆东墙补西墙"。各类投融资平台、金融产品交易平台等都会面临或多或少的资产负债期限结构不匹配，以及外部事件冲击的影响。比如，我国的网络借贷平台不仅限于纯线上模式运作，在发展中还演化出了担保本金偿付、信贷资产证券化以及债权转让等模式，由于平台本身并不独立于资金供求链条，常常会面临流动性风险。

10.2.2　金融科技平台带来的监管挑战

金融科技平台作为以"技术带来的金融创新"为宗旨的企业，极大地提升了金融业的运作效率，改变了固有的金融商业模式和生态格局，作为全球新兴的前瞻性产业，受到越来越多的国家的重视。然而金融科技平台的发展并非总是尽善尽美，金融科技平台并没有割裂金融的本质，一方面，金融系统原来的流动性风险、信用风险等传统风险仍然存在；另一方面，金融科技平台发展的技术性、混业性、高速性也带来了新的风险，使得整体风险变得更为错综复杂，对金融监管提出了新的挑战。

1. 加深了金融系统风险防控的裂缝

金融科技服务着眼于传统金融服务的长尾人群，即作为广泛的社会弱势群体的市场受众，其运行具有跨区域、跨行业、跨人群、混业经营的特征，目标市场群体较低的风险承受能力导致金融科技产业相比传统金融行业更为脆弱。同时，金融科技行业鱼龙混杂，一些并不具备资质的企业利用监管空隙相机潜入其中，极易触发劣币驱逐良币的现象。对于国际金融监管者来说是孜孜以求探索的问题。在当下金融与科技交织融合、金融科技平台迅猛发展的新形势下，金融监管必须要正确处理金融系统性风险与金融科技风险的叠加效应，同时担负起金融体制改革和金融科技监管改革的重任。技术是作为智慧个体的人用以认识及改造世界的工具，越是科技化越是需要监管和治理制度的跟进。在新一波金融科技浪潮席卷而来之际，监管者似乎找到了答案，为调和金融效率、金融公平和消费者保护的价值，完善金融科技监管，一些国家或地区推出了沙盒监管法律制度，并引起国际监管层的广泛关注，该制度究竟为何，其运作原理为什么，以及是否适合我国的本土化应用是后文需要研究的问题。

2. 放大了金融风险的传导效应

时下金融科技平台广泛参与到金融服务的各个阶段、各个地域、各个行业、各个环节，几乎潜入了金融系统的每一个缝隙。由于金融科技产品结构的复杂性、嵌套性，金融风险很难被监管机构及时标识、确认和监管。风险的高隐蔽性和高传染性使金融科技平台有如金融市场随时可能被引爆的炸弹，而在另一方面，金融科技公司往往规模宏大且多为跨国互联网企业，这意味着一旦发生金融风险，在金融传导机制的作用下系统性金融风险发生的概率将急剧上升。

3. 信息安全风险不容小觑

金融科技平台的发展极度依赖于网络、信息和科学技术，人工操作失误、硬件故障、软件故障很可能导致技术系统失灵，金融科技平台的信息安全风险不容小觑。金融科技平台的发展极度依赖于网络、信息和科学技术，人工操作失误、硬件故障、软件故障很可能导致技术系统失灵，一旦发生技术系统瘫痪，会导致严重的公众财产损失和信息安全危机。同时，金融科技以大数据为存在基础的发展模式意味着大公司对数据的独霸垄断，2017年2月亚马逊云计算团队意外错输入一条代码指令，波及包括纳斯达克、爱彼迎等多家科技公司，造成数千万美元的经济损失。除此之外，个人金融信息和金融隐私的保护在金融科技时代显得困难重重。

10.2.3　金融科技平台监管存在的问题

虽然我国金融科技平台逐渐步入高速轨道，在全球数字金融化进程中占据优势，但是与蓬勃发展的金融科技平台相比，我国金融科技监管中也存在着不容忽视的问题。在金融体制改革的催动下，我国金融监管确立了金融效率、金融安全及金融公平的金融监管的政策目标，分别对应金融机构（包含金融科技公司等）、监管机构、金融消费者三大金融市场主体，基本完成了金融体制顶层设计。在监管的实效性层面上，金融科技监管的立法效率和跟进配套设施难以适应金融创新日新月异的发展。

1. 金融科技平台创新的高速度与传统法律法规的滞后性矛盾

诚然，对于任何领域的法律规则而言，法律均具有不同程度的滞后性。但这种滞后性与金融科技的飞速发展和变革形成强烈反差。金融科技平台面向的是未来的、高速发展的新科技，对金融体系的影响范围越来越广，冲击力越来越具有颠覆性，其以"创造性破坏"者的形象出现在世人面前。金融创新以指数级速度发展，而金融规则的制定、修改与废止却需要经过一道道完整、耗时的立法程序。虽然具有自由裁量权的监管机构可以利用对规则的解释而放松规则的弹性，但这种规则弹性确实无法跟上具有动态性、网络相互依赖性、传递性特征的"复杂适应系统"的金融科技平台。例如金融法制改革需要优化金融机构配置，金融机构多元化对于金融科技监管而言尤为重要。在我国，金融科技平台的很大部分参与主体是大型金融科技公司，这些金融科技公司从互联网电商平台发家，随着互联网的成熟迅速积累市场、技术和资本，经过数轮竞争，当下演变成金融科技行业巨擘。但我国现行的金融监管体制并没有将之纳入一般金融监管体系之中。

2. 金融科技平台的复杂性与传统监管规则的监管刚性的矛盾

虽然我国已经确定了"一委一行两会"的金融监管体制，但是由于我国长期实行分业监管制度，金融科技平台监管法制在空间维度上难以适应金融创新跨行跨界的扩张。传统金融在内部形成封闭的产业链，在产业链内各个金融业务之间彼此独立，分业监管尚能招架，但是我国金融科技平台往往跨越多重业务、多层市场、多个领域的特点十分明显，混业经营和跨境经营的特性与我国监管系统分业监管的现实之间存在冲突，留下监管空白和监管套利的隐患。P2P是通过网贷平台发生的民间借贷，民间借贷不归金融监管部门监管，网贷平台作为信息中介，似乎也不属于传统的金融服务业务。P2P网贷平台于2007年在中国出现，但直至2014年7月，中国监管者才对此进行回应。

3. 金融科技平台的科技性与传统监管手段滞后的矛盾

金融科技通过信息技术和数据分析，在金融交易方面提升了速度和关联性，且复杂化了金融市场和金融产品。如此，监管必须具备实时性、全面性和有效性。而与此形成鲜明对比的是，传统金融技术性规则（资本充足率、流动性监管比率等）偏于静态和过往数据，无法对市场和市场参与者进行更细致和有效的监管，无法迅速甄别、实时跟踪风险，比如，高频交易者可能造成市场不公平，其利用自己对普通技术者的优势（算法和交易速度），自己规避成本而让普通技术者承担，使其丧失投资机会。因此，传统的监管方法（"人海战术"与"非实时数据捕获"）没有能力及时、迅速捕捉利用金融科技平台的违规行为。

10.3 "监管沙盒"运行模式及国际经验

沙盒（Sandbox）本是计算机领域的专业术语，作为一种虚拟技术用于保障计算机系统安全。针对个别程序，在其正式应用之前，先在沙盒中进行试运行，严格限制其所能访问的资源。如果发现存在破坏或其他恶意行为，便不得继续运行。沙盒中的数据多取自于真实环境，由于预设安全隔离措施，因而不会对系统造成任何危害。英国将这一原理应用于金融科技平台监管领域，为暂时不符合现有监管规则或监管不明确的金融科技平台创新等提供了一个试验环境，在全面推广之前预先进行测试。这一思想最早诞生于FSA对英国金融监管制度改革的讨论中，认为针对金融产品早期的干预问题，为避免金融产品零售环节损害消费者利益，有必要创新监管方式使其覆盖金融产品从产生到市场销售的各个环节，尽早采取有效措施避免消费者权益受到损害。直到2015年，在金融科技平台的推动下，FCA正式推出监管沙盒，意在通过转变金融监管方式支持金融创新，维持英国金融市场的吸引力以及金融科技平台在欧洲的主导力。

"监管沙盒"是金融科技企业先行先试其金融创新服务或产品的实景空间，是一种适应性和灵活性的金融科技监管的制度安排。"监管沙盒"的目的是测试金融科技企业创新科技项目的风险状况，在实景空间内有针对性地降低风险和促进创新，是在不突破现行金融监管法律框架下的监管思路调整，通过在真实的金融市场中限定服务产品流向和消费者测试人数来划定测试范围，实质上是一个具有无形监管边界的"监管实验区"。在该测试空间内，监管机构授权测试金融科技企业的创新产品、服务、商业模式和交付机制，并不直接面对金融监管法律设置的准入条款和监管障碍，在反复试错创新方案的基础上，促进企业创新和金融监管相协调。

"监管沙盒"将这项应用程序的逻辑思路应用于金融监管领域，通过灵活的监管流程和测试机制，对金融监管模式进行调整。"监管沙盒"没有在金融监管框架之外另行增设法律规定，而是为企业创新减轻在测试过程中可能遇到的监管负担和法律障碍提供支持，使企业主动申请进入"沙盒"接受监管实验测试，为金融监管提供了能够弹性调整的安全空间。金融监管机构根据创新项目的风险特点为企业量身定做测试方案和监管流程，允许企业在"沙盒"内充分暴露产品和服务的潜在风险，并将风险控制在该有限空间内，使具有颠覆性创新的产品和服务在符合测试要求后快速落地推广，不仅能够降低企业创新风险和合规成本，也大大提高了金融创新和监管的效率。

10.3.1 "监管沙盒"的运作模式

以上提到的是"监管沙盒"具体运行方式。综合来看，为了降低金融创新的风险，在既保证金融安全又能兼顾监管效率的基础上，在不违背当前法律法规的框架内，"监管沙盒"旨在为金融创新企业搭建一个独立于外部金融市场的测试空间。其优势包括：（1）关键因素可控。在测试过程中，测试时间、空间、消费者参与都是可控因素，有利于在为测试创造多种条件的同时控制风险。（2）互动式监管。通过良好的沟通机制，创新者与监管者达成合意，降低为获得监管授权而遵守复杂程序付出的高昂成本，快速实现产品的市场化。（3）保护金融消费者权益。通过充分的信息披露、合格投资人制度、风险补偿机制控制可能对消费者造成的风险。（4）提高监管效率。依赖于大数据和智能化技术应用，加强各监测平台之间的互联互通和数据交换，及时抓取信息，智能辅助判断，从而有效激发市场的创新动力，倒逼金融科技走向正规化、可持续发展的路径。

因此，我们以保证"监管沙盒"的基本运行方式不变为前提，突出"监管沙盒"在金融监管中的特点，根据不同的监管对象和金融消费者，对监管条件和监管环境进行有的放矢的改变，从而产生以下三种运作模式。

1. 虚拟式沙盒的运作模式

"虚拟沙盒"不需要监管部门的授权，是创新企业自行设立的为了促进学术研讨或经验交流的虚拟空间。监管部门是否需要设立"虚拟沙盒"，取决于创新企业有无为了更好地发展自身，确定行业走向而与其他各方共同努力协作的目标。如果为了促进行业交流、内部资源共享而设立"虚拟沙盒"，对于一些不够资格进入沙盒的小型企业，已进入沙盒但是测试数据单一且独立的项目公司，也能帮助他们及时共享数据资源，为小型企业成长提供一定的行业支持。

2. 授权式沙盒的运作模式

授权式沙盒是指由金融监管局根据授权范围和申请者测试内容批准设立的沙盒监管项目。公司向金融监管局提交方案，阐述创新内容以及拟解决问题的策略。方案在经过金融监管局审查符合准入条件后予以授权通过，设立特定沙盒监管项目。公司会被分配一名联系人，专门负责与监管部门的沟通反馈。之后公司将在沙盒监管的框架内开始测试，并就在测试过程中遇到的一系列问题向监管部门反馈并修正，最终达成一致意见。公司将在测试结束后提交有关测试内容的整体性报告，交由金融行为监管局审阅，并给予公司在沙盒测试结束后提供解决方案的决定权。

3. 保护伞沙盒的运作模式

针对非营利性公司设立的保护伞沙盒，是由监管部门主导，在监管单位的授权下提供沙盒服务。金融科技创新企业可以作为非营利性公司的代理人参与试验，而这些金融科技企业在获得保护伞沙盒公司批准的同时需要获得监管机构的批准。相对于"一事一议"的授权式沙盒，保护伞沙盒多安排一层非营利性公司架构，同一的标准有利于实现行业领导，但直接涉及投资者利益的公司却不适合保护伞沙盒，在加入沙盒时需要严格授权申请。

10.3.2 "监管沙盒"的国际经验

世界上已经开展"监管沙盒"的国家或地区有英国、新加坡、澳大利亚、美国、加拿大、印度尼西亚、马来西亚、波兰、科威特、阿布扎比、巴林、迪拜、我国香港地区和我国台湾地区等，各个国家和地区的"监管沙盒"各具特色。本部分选取英国、新加坡、澳大利亚为研究对象，并从上述各国或地区的监管机构网站获取大量监管文件和监管数据等研究资料，分别从其设立背景、创新标准、运行流程、实践成果进行分析研究，力求为我国内地构建"监管沙盒"具体的法律模式提供经验参考和借鉴。

1. 英国的经验

英国作为全球首个推出监管沙盒制度的国家，其金融监管部门FCA于2016年5月递交给财政部的有关开展监管沙盒可行性和实用性的报告，标志着"监管沙盒"制度的正式启动。从适用对象上看，监管沙盒的范围广，不设立特别限制，只需要与传统金融服务有明显不同。从评估标准来看，要求企业的产品或服务具有创新性，能够帮助金融业发展或解决金融领域面临的困境；企业目标规划明确；具有强烈的社会责任感和自律性。企业需经过申请、审核、获批等流程后才能进入监管沙盒。非持牌机构能够获得相当于持牌机构业务范围的测试许可。从退出机制看，测试期少则3个月，多则6个月，企业必须在测试期满后退出"监管沙盒"。

2. 澳大利亚的经验

澳大利亚证券和投资委员会负责沙盒监管。因为与 FCA 签有协议，因此在适用对象和申请流程上与英国基本类似，但在评估标准上对申请公司的风险敞口和服务人数提出具体要求，同时只要金融科技公司在向监管部门备案时符合特定条件，则可在测试特定业务时免持金融服务或信贷许可证。澳大利亚政府将制定一个强化的"监管沙盒"，计划将测试期提高到 24 个月，允许更多的企业在没有许可证的情况下测试更广泛的新金融产品和服务，包括提供更全面的金融咨询、发放消费信贷、提供短期存款或支付产品以及运营中介。24 个月的测试时间框架提高了企业评估新概念的商业可行性、促进更大的竞争和为消费者提供更多选择的能力。同时制定强有力的消费者保护和披露要求，以保护客户，包括负责任的贷款义务、最佳利息义务以及适当补偿和争议解决安排的必要性。

3. 新加坡的经验

作为世界上重要的金融中心，新加坡具有完备的金融监管体制和法律体系，亚洲金融危机后，新加坡紧跟世界金融局势，适时调整本国的监管体系和监管方式，制定适合本国金融环境的监管规则。新加坡于 2016 年 5 月设立金融科技署，同年正式启动"监管沙盒"。虽然市场成熟度相似，但新加坡的管理方式显然比英国更加灵活、宽松，时间上也更具弹性，没有规定具体测试时长。但新加坡的"监管沙盒"范围有限，只在金融科技领域适用。同时企业要保持与监管部门的紧密沟通，及时反馈测试进程和结果，需要做好终止创新业务的退出和过渡策略。根据 FCA2017 年度发布的总结报告，自开放测试申请以来，FCA 已收到 146 个沙盒申请，其中 50 个申请合格，46 个申请进入测试流程并分为两组进行。从实践效果来看，沙盒测试有利于减少金融创新想法推向市场的时间和成本，第一组完成测试申请的公司有 90% 的产品已顺利推向市场；沙盒测试有利于帮助申请对象吸引投资者和资金支持，沙盒测试第一组中有 40% 的公司在测试中或测试完成后收到投资。同时也披露了在沙盒测试中面临的挑战,包括如何获得银行的支持和小公司如何获得参与客户等。

10.4 "监管沙盒"在金融科技平台监管中的应用

金融科技平台带来了金融业的创新和变革浪潮。这些变化几乎影响了每一个金融部门,从资产管理到融资,再到货币本身。通过增加竞争和降低价格,金融科技平台有望为整个社会带来巨大的利益。但这些变化也要求对现行金融监管的充分性进行广泛的重新评估。长期以来,我国内地对金融行业采用柔性监管理念,与"监管沙盒"灵活适用监管法律具有一定的相似性,例如对于互联网金融企业的监管,中国人民银行等十部委制定了《关于促进互联网金融健康发展的指导意见》,其中包括对互联网业务鼓励创新、简政放权、分类指导,对监管政策跟踪评估、总结经验、适时调整,为金融行业的分业监管做了一些创新的原则性规定。但是针对金融科技平台监管,我国内地仍需要一个适度合理的监管制度安排,通过对世界上成熟的"监管沙盒"运行模式和理论研究的基础上,可以不断促进我国内地金融监管传统理念的革新,增加金融监管的灵活性和协调性。

10.4.1 应用路径

"监管沙盒"能有效平衡金融创新与金融监管的矛盾,对现有金融监管法律体系进行灵活适用,在不抑制金融创新的前提下防范金融科技平台风险。世界上"监管沙盒"完善的模式架构和丰富的运行成果为我国内地引入"监管沙盒"提供了宝贵的经验借鉴,我国内地的传统金融改革有突出代表性的是改革试点先行先试,例如我国内地早期的经济特区建设和当下的自由贸易实验区建设,原则上都是在固定的行政区划范围内实验改革方案，在实验区内变通适用相关法律法规，或者专门制定经济政策为区域实验提供便利，这种改革试验方式类似于"监管沙盒"的"有限授权""许可豁免"和"差异化监管"。改革试点与"监管沙盒"在逻辑上具有一定的相似性。改革试点是针对区域试验而不是行业监管，改革成功后只是在固定区域推广或者在试点区域的期限延长。总的来看，区域实验模式不适应金融创新的发展特点，为此可以改变原来的区域监管固定模式，以金融科技产品或服务为导向进行具有无形边界的行业监管、行为监管和差异化监管。结合我国内地改革试点和自贸区建设等监管模型的成功经验，进一步促成其与"监管沙盒"的切合转变，能够有步骤地引进"监管沙盒"在我国内地适用。

1. 线上线下相结合

沙盒可以充分利用移动互联网的特点，形成线上主体和区域运行的优势体系。分布式技术如区块链技术的应用，能够实现网络主体多方同时在线，及时分享技术和内容，降低监管者、消费者、金融科技企业之间的沟通成本，方便线上监管，构建从技术创新到应用的生态闭环。及时抓取线上线下信息，掌握最新数据和动态，实现对项目全程的可视化管理和数据的量化分析。考虑到金融科技平台发展需要一定的空间，因此在制定监管法律、法规时，还要充分考虑到金融科技平台发展的趋势，相关监管法律和法规需要具有一定前瞻性。此外，监管部门要充分利用好金融科技的技术力量，将金融科技充当为新的金融监管工具，以实现金融科技高效监管。例如，金融监管部门全面引入大数据技术，建设大数据监管体系，对金融科技实行动态实时监管。

2. 打破地域分割

"监管沙盒"更契合金融科技发展的内在要求，"监管沙盒"不限定测试地域更能契合金融科技平台的跨地域性，"监管沙盒"将虚拟空间作为测试平台，能够从空间上解决地域分割的问题。

3. 金融试点改革

"监管沙盒"不限定测试内容，参与主体来源广、渠道多、行业复杂，更加契合金融科技多元化发展的内在需求。多方主体同时参与可以深化相互之间的了解，促进合作，互利共赢，构建科学的反馈机制。参与主体来源广、渠道多、行业复杂，更加契合金融科技多元化发展的内在需求。多方主体同时参与可以深化相互之间的了解，促进合作，互利共赢，构建科学的反馈机制。沙盒制度契合金融试点的开放理念，在制度优势上即便不能完全替代金融试点，也能为金融试点的进一步改革提供启发性建议。作为金融科技时代的监管措施，沙盒制度并非没有瑕疵，第一是区块链分布式技术的应用使本应应用于全球金融监管的沙盒制度在落地各国时，对监管资源配置的要求更高；第二是沙盒虚拟的是理想化市场模型，各国金融市场成熟度不同，消费者的金融素养和风险承受能力差距较大，减少测试结果与真实市场的偏差值需要多次试错；第三是豁免业务规范或准入规则参与测试的对象，通过测试后还要在与当下法律规范不冲突的情形下进入市场，需要另行给予制度安排。但是作为一项创新金融政策，也需要给予其适应市场的时间和试错空间。北京房山区、深圳市已经落地沙盒试点，深圳成立了沙盒监管促进协会，这些迹象显示监管部门也希望变被动为主动，实现监管方式与金融创新的同步完善，从而改变监管滞后的问题，打造服务型监管机构。

综上，"监管沙盒"为企业和监管当局提供一个稳定且风险可控的虚拟空间。为企业提供良好的营商环境和风险测试模型，为监管部门提供全方位、多角度的监管视角。多元化的测试内容，可协商的消费者保护机制，既能保证企业的创新积极性，也能为消费者权益救济提供借鉴，有效协调金融创新效率与安全的矛盾。敢于大胆创新的企业，实时监控并获取反馈信息的监管部门，踊跃参与的消费者，对于完善我国金融科技监管政策法规，促进金融科技创新良性发展，不可多得。

10.4.2 应用成果

1. 理论应用成果

长期以来，加强金融监管协调、补齐监管短板是我国金融监管的目标，以这一目标为出发点的"软法治理，柔性监管"理论与沙盒制度的运作逻辑内在契合。软法与硬法相对，是社会自治过程的表达，是将个别企业的标准规范上升到行业标准，再由监管部门调研并最终转化为法律的过程。在此过程中，政府不事先划定红线，不将监管机构的意志强加到企业头上，而是在做好顶层设计后由基层开展探索研究。让并不具有立法权的组织和地方来制定行业规定、地方规则，是我国独特的监管理念创新。近几年互联网金融公司的发展就是遵循软法治理的道路，从中央到地方先后成立互联网金融协会，由行业协会探索技术创新和治理规范的协调。沙盒的运作模式，以保护伞沙盒为代表，强调在监管部门的领导下，由非营利性公司在统一的标准下对金融科技公司的创新实现行业领导。除授权式沙盒以外，均无须"一事一议"，充分放权给企业，与软法治理的思路不谋而合。但是软法先行，硬法也必须托底。互联网金融公司从一开始的发展就必须在法律框架以内，这是建设法治国家的必然要求。以 P2P 借贷和股权众筹为例，其涉及的法律纠纷也基本可以在民法总则、合同法和担保法等法律框架下解决。

金融科技监管的法治化规范，也应当尽量在当前已有的法律体系内完善。金融立法本来具有滞后性，动辄呼吁国家立法，是对闲置法律资源的浪费。就沙盒制度来说"沙盒监管"在申请授权、法律豁免等方面的规定需要与现有法律法规相衔接，避免企业与监管者之间权责不清。同时"沙盒监管"也要在法律框架下展开，否则金融创新即便能通过沙盒测试，也无法成为真实市场环境下的可复制案例和推广经验。金融产品有生命周期，从成长到成熟需要一个观察期，如果追求处置效率，在其成长期因为苗头不对就一把掐死，是在一定程度上对金融创新的限制。但如果放任不管，就会像 P2P 借贷市场一样爆发大规模的非法集资乃至诈骗乱象，此时再进行监管也只是釜底抽薪，保守不发生系统性风险而已。沙盒制度的测试期实际上也是对金融创新产品的观察期，在时间、空间等维度可控的前提下进行互动式监管，不仅可以通过信息披露提示已知风险，大数据及时检测临时风险并适当调整，也不影响金融产品的上市周期，可以兼顾监管效率，这和柔性监管的提法也是相似的。

2. 实践成果

我国倾向于采用金融试点规制金融创新。经过多年摸着石头过河式的探索，金融试点取得的成绩是值得肯定的。但在运作过程中，也逐渐产生一些问题。就监管互动而言，中国政府作为行政主体，掌握着金融试点改革的方向和节奏。同我国的金融试点模式比起来，英国的"监管沙盒"规则有更加明确、具体的框架。就金融消费者权益保护而言，金融试点重视监管具体规则，尤其是审慎经营和业务范围，较为忽视消费者权益保护；就风险控制的理念而言，以前金融试点通过风险的隔离和转移进行风险控制，而监管沙盒通过大数据技术进行风险源的实时动态监测，就风险和资金的匹配则运用到区块链分布式结构，从而降低整体系统性风险。

监管沙盒鼓励创新，为企业提供足够容错空间，以消费者保护为核心，且消费者权益维护不受监管机构"合规容错"政策的影响。同我国的金融试点模式比起来，英国的监管沙盒规则有更加明确、具体的框架。除沙盒本身的制度优势以外，如果说金融试点是线性运作模式，那么监管沙盒则综合了线上线下多重优势、在打破地域分割的同时保证多方立体参与。

10.4.3 应用建议

1. 保障金融安全

解决金融科技监管面临的难题,需要从顶层设计上转变监管模式,改变分业监管不兼容金融科技混业经营趋势的现状。1995年,由英国经济学家泰勒提出的目标监管模式,即"双峰理论"认为金融监管应将审慎监管和行为监管作为目标。审慎监管有利于维护金融体系的安全和稳健,防范金融系统性风险;行为监管有利于纠正不公平交易行为,减少投机和欺诈行为发生,有效保护金融消费者权益免遭侵害。英国、美国是践行目标监管模式的主要国家,通过审慎监管机构和消费者保护机构的建立,促进了互联网金融的发展,消费者权益也能得到保护。将目标监管模式应用于我国的金融科技监管,能有效解决传统分业监管模式无法解决的混业经营问题,同时有效防范系统性风险。

2. 坚持底线思维

维护金融安全要坚持底线思维,必须强化监管意识,提高监管效率。一方面,要正视监管责任,不能为推动行业发展而轻视或放松监管;另一方面,要把握金融规律,以科学办法防范和化解金融风险,把握节奏,讲究策略。在防风险和强监管的大背景下,相对于不需要经过政府授权即可由企业设立的虚拟式沙盒和不需要"一事一议"的保护伞沙盒,笔者认为授权式沙盒比较适合作为该制度最初引入我国的运作模式。申请、评估和测试是授权式沙盒制度运作的基本流程,应妥当安排。一方面在准入条件上,对适格主体和评估对象要有所区别,可参考英国或新加坡的标准酌情议定;另一方面确定测试期限,要兼顾监管效率和实验周期的科学性,可以根据测试项目的不同设计多个档次的期限,均可以申请延期。在豁免范围上坚持"软法先行、硬法托底"的原则,积极开展调研活动,了解市场前沿问题,在与企业合作并吸纳不同市场主体建议的基础上确定豁免规则。虚拟式沙盒和保护伞沙盒契合"软法治理，柔性监管"的逻辑，发挥企业和社会组织的力量，协同防范风险，有利于健全跨行业跨市场风险监测预警机制和应急处置机制，帮助监管机构分担监管负担，降低监管成本，可在授权式沙盒运作模式健全的基础上作为辅助或补充，缓步推出。

3. 制度核心——金融消费者权益保护

实施金融消费者权益动态保护监管沙盒的制度核心之一是金融消费者权益保护，包括消费者的知情权、自主选择权、信息安全权和依法求偿权等。保障消费者知情权、自主选择权，监管沙盒应当设计以消费者为中心的动态保护机制，完善信息披露和合格投资者制度；保障消费者信息安全权，应以网络安全法为兜底，明确风险告知责任，与保障消费者的依法求偿权一起，设计投资者利益补偿规则和争议解决机制，在明确企业主体责任的同时进一步发挥第三方的作用，使消费者在参与测试的过程中获得更加便宜的产品价格，更加优质的金融服务和更加友好的消费体验。

参 考 文 献

[1] 汤敏. 大数据背景下商业银行风险管理战略研究 [J]. 海南金融, 2017 (8): 4-8.

[2] 白儒政, 马强伟, 王晶, 梁砺波. 监管科技的发展与应用研究 [J]. 西部金融, 2019 (5): 49-52.

[3] 乔海曙. 金融科技驱动下的金融智能化发展研究 [J]. 求索, 2018 (6): 12-15.

[4] 吴军, 魏安喜. 区域经济空间相关性的趋势分析及影响因素 [J]. 经济经纬, 2018 (1): 8-13.

[5] 何玉长, 方坤. 人工智能与实体经济深度融合的理论分析 [J]. 学术月刊, 2018 (5): 20-25.

[6] 杨潇. 人工智能在金融领域的应用及安全风险探析 [J]. 科技风, 2018 (3): 89-91.

[7] 潘敬萍. 我国人工智能发展现状与应对策略研究 [J]. 产业研究, 2018 (4): 28-35.

[8] 张旭阳. 智能时代的金融新生态 [J]. 清华金融评论, 2018 (1): 21-27.

[9] 刘国斌. 中国区域经济高质量发展研究 [J]. 区域经济评论, 2019 (2): 7-13.

[10] 华坚, 胡金昕. 区域科技创新与经济高质量发展耦合关系评价 [J]. 科技进步与对策, 2019 (4): 31-42.

[11] 徐治理. 基于区块链的可监管数字货币模型研究 [D]. 西安: 西安电子科技大学, 2018.

[12] 张健. 区块链：定义未来金融与经济新格局 [M]. 北京：机械工业出版社，2017.

[13] 宫晓林，杨望，曲双石. 区块链的技术原理及其在金融领域的应用 [J]. 国际金融，2017（2）：46-54.

[14] 朱柯达. 金融科技"监管沙盒"的国际实践与启示 [J]. 浙江金融，2018，470（4）：5-13.

[15] 杜青雨. 我国金融科技监管体系构建策略研究 [J]. 技术经济与管理研究，2020（1）：84-88.

[16] 李霞. 金融科技对我国商业银行信用风险水平影响研究 [D]. 成都：电子科技大学，2019.

[17] 濮嘉俊. 金融科技监管的创新框架和对策研究 [D]. 杭州：浙江工业大学，2019.

[18] 王勇. 中国版监管沙盒为金融科技创新护航 [N]. 证券时报，2019-12-10（A03）.

[19] 许万春. 金融科技监管模式研究 [D]. 济南：山东大学，2019.

[20] 何冬昕. 金融科技监管需平衡金融创新与金融风险 [J]. 中国经济周刊，2019（23）：103-104.

[21] 石超凡. 金融科技在商业银行中的应用研究 [D]. 西安：西安电子科技大学，2019.

[22] 孙雪娇，朱漪帆. 科技创新与金融服务协同发展机制研究——基于中国科技金融平台演化视角的多案例分析 [J]. 金融发展研究，2019（1）：73-79.

[23] 吉喆. 我国金融科技监管模式的选择 [D]. 上海：华东政法大学，2019.

[24] 谢文博. 金融科技对我国商业银行效率的影响研究 [D]. 兰州：兰州大学，2019.

[25] 柏野. 金融科技的沙盒监管创新问题研究 [D]. 上海：华东

政法大学，2018.

[26] 卜亚. 金融科技新生态构建研究［J］. 西南金融，2019 (11)：51-59.

[27] 伦贝. 我国监管沙箱的模式构建研究［D］. 济南：山东大学，2019.

[28] 华夏. 金融科技公司的风险管理研究［D］. 武汉：华中科技大学，2018.

[29] 陈文琪. 金融科技对小微企业融资的影响研究［D］. 长沙：湖南大学，2018.

[30] 王俊人. 互联网金融对商业银行经营的影响及其模式转型研究［D］. 长春：吉林财经大学，2019.

[31] 师丽. 金融科技法律监管问题研究［D］. 兰州：兰州大学，2018.

[32] 杨畅. 我国中小银行金融科技创新与发展研究［D］. 浙江大学，2019.

[33] Viren Shah. 基于大数据的金融科技监管模式及案例研究［D］. 浙江大学，2019.

[34] 郭希智. 金融科技助力普惠金融的发展探究［D］. 保定：河北金融学院，2019.

[35] 张环宇. 中国互联网金融风险剖析及其监管研究［D］. 北京：对外经济贸易大学，2018.

[36] 何倩. 论我国金融科技沙盒监管法律制度构建［D］. 武汉：华中科技大学，2019.

[37] 巴曙松. 中国金融科技发展的现状与趋势［N］. 21世纪经济报道，2017-01-20（04）.

[38] 邓明健. 论金融科技的发展与趋势［J］. 北京金融评论，2019（1）：17-24.

[39] 黄余送. 我国数字普惠金融的实践探索［J］. 清华金融评

论，2016（12）：37-40.

［40］张挺，李闽榕，徐艳梅. 乡村振兴评价指标体系构建与实证研究［J］. 管理世界，2018，34（8）：99-105.

［41］李洪斌，舒晓惠. 我国欠发达地区乡村振兴评价指标体系的构建［J］. 中国管理信息化，2020，23（7）：158-159.

［42］张雪，周密，黄利，赵晓琳. 乡村振兴战略实施现状的评价及路径优化——基于辽宁省调研数据［J］. 农业经济问题，2020（2）：97-106.

［43］申云，陈慧，陈晓娟，胡婷婷. 乡村产业振兴评价指标体系构建与实证分析［J］. 世界农业，2020（2）：59-69.

［44］蔡兴，蔡海山，赵家章. 金融发展对乡村振兴发展影响的实证研究［J］. 当代经济管理，2019，41（8）：91-97.

［45］武丽娟，徐璋勇. 我国农村普惠金融的减贫增收效应研究——基于4023户农户微观数据的断点回归［J］. 南方经济，2018（5）：104-127.

［46］王树娟. 农村普惠金融与农村经济增长联动关系分析——基于乡村振兴战略视角［J］. 经济研究导刊，2019（14）：28-32.

［47］廖彩荣，陈美球. 乡村振兴战略的理论逻辑、科学内涵与实现路径［J］. 农林经济管理学报，2017，16（6）：795-802.

［48］星焱. 普惠金融：一个基本理论框架［J］. 国际金融研究，2016（17）：21-37.

［49］黄倩，李政，熊德平. 数字普惠金融的减贫效应及其传导机制［J］. 改革，2019（11）：90-101.

［50］夏平凡，何启志. 互联网普及、数字普惠金融与经济增长［J］. 合肥工业大学学报（社会科学版），2019（2）：11-19.

［51］任碧云，李柳颖. 数字普惠金融是否促进农村包容性增长——基于京津冀2114位农村居民调查数据的研究［J］. 现代财经（天津财经大学学报），2019（4）：3-14.

[52] 詹韵秋. 数字普惠金融对经济增长数量与质量的效应研究——基于省级面板数据的系统 GMM 估计 [J]. 征信, 2018 (8): 51-58.

[53] 陈婵娑, 岳玉珠. 数字普惠金融影响经济增长的路径研究 [J]. 福建行政学院学报, 2018 (6): 111-120.

[54] 黄永兴, 陆凤芝. 普惠金融能缩小城乡收入差距吗？——基于非线性与线性面板模型的检验 [J]. 商业研究, 2017 (6): 63-68.

[55] 丁日佳, 刘瑞凝, 张倩倩. 数字普惠金融对服务业发展的影响及机制研究——基于省际面板数据的实证分析 [J]. 金融与经济, 2019 (7): 4-10.

[56] 宋晓玲. 数字普惠金融缩小城乡收入差距的实证检验 [J]. 财经科学, 2017 (6): 14-25.

[57] 韩谷源, 朱辰. 数字普惠金融对金融稳定的影响——基于贫富差距的中介效应分析 [J]. 武汉金融, 2019 (11): 29-36.

[58] 梁双陆, 刘培培. 数字普惠金融与城乡收入差距 [J]. 首都经济贸易大学学报, 2019 (1): 33-41.

[59] 宋晓玲, 侯金辰. 互联网使用状况能否提升普惠金融发展水平？——来自 25 个发达国家和 40 个发展中国家的经验证据 [J]. 管理世界, 2017 (1): 172-173.

[60] 梁双陆, 刘培培. 数字普惠金融、教育约束与城乡收入收敛效应 [J]. 产经评论, 2018 (2): 128-138.

[61] 黄益平. 数字普惠金融的机会与风险 [J]. 新金融, 2017 (8): 4-7.

[62] 张晓燕. 互联网金融背景下普惠金融发展对城乡收入差距的影响 [J]. 财会月刊, 2016 (17): 94-97.

[63] 陆岷峰, 杨亮. 互联网金融驱动普惠金融的原理推导——基于普惠性与金融本质的对立关系研究 [J]. 华北金融, 2016 (8):

67－73.

[64] 安海峰，石璟，徐娜，刘博艳，潭水梅，魏桃李．新时代下京津冀地区普惠金融发展趋势分析［J］．科技资讯，2019，17（20）：159－160.

[65] 余剑，陶娅娜，李康．用普惠金融理念推动区域共享发展——以京津冀协同发展为例［J］．甘肃金融，2017（6）：9－12.

[66] 傅巧灵，赵睿，杨泽云．京津冀地区普惠金融发展水平测度与比较研究——基于13个城市的测算［J］．经济纵横，2019（4）：111－120.

[67] 王漪．京津冀金融发展的"普惠"思路［J］．投资北京，2016（3）：49－51.

[68] 刘金全，毕振豫．普惠金融发展及其收入分配效应——基于经济增长与贫困减缓双重视角的研究［J］．经济与管理研究，2019，40（4）：37－46.

[69] 谢世清，刘宇璠．普惠金融政策对我国经济增长的影响研究［J］．证券市场导报，2019（4）：13－21，40.

[70] 赵德起，陈娜．中国城乡融合发展水平测度研究［J］．经济问题探索，2019（12）：1－28.

[71] 谢升峰，许宏波．我国城乡统筹、普惠金融水平及其相关性测度［J］．统计与决策，2016（17）：112－115.

[72] 周佳宁，秦富仓，刘佳，朱高立，邹伟．多维视域下中国城乡融合水平测度、时空演变与影响机制［J］．中国人口·资源与环境，2019，29（9）：166－176.

[73] Evaluating the enhancement and improvement of China's technology and financial services platform innovation strategy. Abstract available. By：Wu CS；Hu KH；Chen FH，Springerplus［Springerplus］，ISSN：2193－1801，2016；Vol. 5（1），pp. 1910；Publisher：SpringerPlus；PMID：27867817，数据库：MEDLINE.

[74] China Lending, Rui Xin Insurance Technology to develop online financial services platform Global Banking News (GBN). 07/19/2019., 数据库: Regional Business New.

[75] PITZEL G R, BENAVIDEZ A C, BIANCHI B C. Rural revitalization in new mexico: a grass roots initiative involving school and community [J]. Rural educator, 2007, 28 (Spring): 4-11.

[76] Sarma M., Pais J. Financial Inclusion and Development [J]. Journal of International Development, 2011 (5): 613-628.

[77] Wang C., Kinkyo T. Financial Development and Income Inequality: Long-Run Relationship and ShortRun Heterogeneity [J]. Emerging Markets Finance & Trade, 2016 (3): 733-742.

[78] StijnClaessens, Simeon Djankov, Larry H. P Lang. The separation of ownership and control in East Asian Corporations [J]. Journal of Financial Economics, 2000 (1).

[79] Galor O, Zeira J. Income Distribution and Macroeconomics [J]. Mpra Paper, 1989, 60 (1): 35-52.

[80] Hellwig M. Banking, financial intermediation, and corporate finance [J]. European Financial Integration, 1991 (35): 63.

[81] Beck T. "Finance and Growth: Lessons from the Literature and the Recent Crisis" [R]. Prepared for the LSE Growth Commission, 2012.

[82] Germana Corrado, Luisa Corrado. Inclusive finance for inclusive growth and development [J]. Current Opinion in Environmental Sustainability, 2017, 24.

[83] Leora Klapper, AnnamariaLusardi, Georgios A. Panos. Financial literacy and its consequences: Evidence from Russia during the financial crisis [J]. Journal of Banking and Finance, 2013, 37 (10).

[84] Zuzana Fungáčová, Laurent Weill. Understanding financial inclusion in China [J]. China Economic Review, 2015, 34.

[85] Myrdal G. (1957), Economic Theory and Under-Developed Regions. London: Methuen & Co Ltd.

[86] RI Sharafutdinov, EM Akhmetshin, AG Polyakova, VO Gerasimov, RN Shpakova, MV Mikhailova. Inclusive growth: A dataset on key and institutional foundations for inclusive development of Russian regions [J]. Data in Brief, 2019.